I0548824

Juan de Valdés

Diálogo de la doctrina cristiana

Barcelona 2024
Linkgua-ediciones.com

Créditos

Título original: Diálogo de la doctrina cristiana.

© 2024, Red ediciones S.L.

e-mail: info@red-ediciones.com
Diseño de cubierta: Red ediciones S.L.

ISBN rústica: 978-84-9953-046-8.
ISBN ebook: 978-84-9953-045-1.

Cualquier forma de reproducción, distribución, comunicación pública o transformación de esta obra solo puede ser realizada con la autorización de sus titulares, salvo excepción prevista por la ley. Diríjase a CEDRO (Centro Español de Derechos Reprográficos, www.cedro.org) si necesita fotocopiar, escanear o hacer copias digitales de algún fragmento de esta obra.

Sumario

Presentación

La vida

Juan de Valdés (Cuenca, 1509-Nápoles, 1541), humanista, erasmista y escritor español.

Son pocas y vagas las noticias que se tienen de sus primeros años. Estudió en Alcalá de Henares y a principios de 1528 comenzó su correspondencia con Erasmo de Rotterdam. Entró al servicio del marqués de Villena, periodo decisivo en su formación religiosa. Al aparecer su primer libro, Diálogo de doctrina cristiana (Alcalá de Henares, 1529), fue denunciado ante la Inquisición, y marchó a Italia, donde residió hasta su muerte.

En 1534 vivió en Roma y un año después en Nápoles, en ambos lugares como agente político del emperador, aunque poco después fue víctima de la reacción antierasmista de la Inquisición española. En Nápoles trató a Garcilaso de la Vega, miembro de la Academia Pontaniana. En los años que siguientes escribió consideraciones piadosas, trabajos exegéticos, traducciones parciales de la Biblia y algunos diálogos destinados a aclarar conceptos y ampliar las conversaciones que tenía con los adeptos a sus doctrinas religiosas en la tertulia que mantuvo en su casa, un verdadero círculo de reformistas y religiosos. Todos esos trabajos manuscritos fueron conservados y transmitidos por la más famosa de sus discípulas, Giulia Gonzaga.

Se especula que fue autor del Lazarillo de Tormes, pero la idea parece descartada por los estudios actuales. Sus textos religiosos, se encuentran a medio camino entre el catolicismo y la reforma luterana y llegaron a tener gran resonancia en Europa, incluso se atribuye a Valdés y en especial a sus

7

discípulos, los llamados valdesianos, la entrada del protes-
tantismo en Italia.

Dedicatoria

Al muy ilustre señor don Diego López Pacheco, marqués de
Villena, duque de Escalona, conde de San Esteban, etc.

El autor. [El autor]

Pasando un día, muy ilustre señor, por una villa de estos
Reinos, y sabiendo que por mandato del señor de ella, y aún
a su costa, enseñaban los curas en sus iglesias a los niños los
principios y rudimentos de la Doctrina Cristiana —lo cual
muchos días antes yo deseaba se hiciese— me fui a poner
entre los niños de una iglesia, así con intención de saber allí
alguna buena cosa que introducir en mi monasterio, como
también para ver si habría algo en que yo, con mis letras y
experiencia, pudiese ayudar y aumentar aquella buena obra
y celestial ejercicio; y aunque el cura que enseñaba era idiota, y no estaba tan fundado en las cosas que decía como
fuera menester, por ser la cosa de la calidad que era, yo me
consolé y tomé recreación allí un buen rato. Como el cura
hubo acabado, habiéndome visto entre sus niños, con hábito
religioso, se vino para mí, deseando, según dijo, saber de mí
qué me parecía de lo que le había oído decir. Yo, viendo su
buena intención y pareciéndome que, aunque era idiota, era
hábil y dócil; y viendo asimismo el provecho que de avisarle
se podría seguir, después de haberle muy mucho alabado,
como era razón, su bueno y santo ejercicio, y animándole
a que le prosiguiese, y asimismo amonestase y aconsejase a
otros hiciesen lo mismo, le rogué nos fuésemos entrambos
juntos a comunicar este negocio con don fray Pedro de Alba,
arzobispo de Granada, porque además de ser bien que con
su autoridad, como de prelado, se hiciese una cosa verdaderamente cristiana y evangélica como ésta, él, como persona

9

de letras sagradas y espíritu cristiano, nos podría largamente instruir, de donde él y yo no solamente iríamos edificados, para lo que a nosotros convenía, sino instruidos en aquellas cosas que para instruir a otros son necesarias.

Al cura pareció muy bien mi consejo; y así, sin más dilación, él dejó su casa e iglesia, y yo el camino donde iba (porque lo más es razón que prive a lo menos) y juntos nos fuimos a buscar al señor arzobispo, al cual, ordenándolo Dios así (según que suele ayudar y favorecer las buenas voluntades), hallamos en un Monasterio de su Orden, donde por librarse de la molestia de los negocios que la dignidad trae consigo, por algunos días se había retraído. De Su Señoría fuimos recibidos con mucho amor y caridad, así porque ésta era su costumbre, como también por ser yo algo su conocido, lo cual todo se le acrecentó. Mas cuando supo la causa de nuestra venida, después que nos levantamos de comer con él a su mesa, nos tomó por las manos, diciendo que quería estar con nosotros toda aquella tarde, y nos llevó a una huerta que en el Monasterio estaba; y sentados todos tres junto a una fuente —porque esto era por San Juan— nosotros abiertamente propusimos nuestra embajada; y Su Señoría muy largamente nos respondió y satisfizo, no solamente al cura, el cual estaba algo lejos de saber lo que convenía a los niños que adoctrinaba, sino también a mí, que a mi parecer lo sabía medianamente bien. Pues deseando yo que vuestra señoría a quien le placen tanto las cosas semejantes que jamás se cansa de leerlas, ni de platicarlas, supiese lo que allí pasamos, y asimismo lo supiesen todos los que tienen en esto el afecto que vuestra señoría, acordé de escribirlo todo, según se me acordó en esta breve escritura; y porque fuera cosa prolija y enojosa repetir muchas veces: «dijo el arzobispo», y «dijo el cura», y, «dije yo», determiné de ponerlo de manera que cada uno hable por sí, de suerte que sea diálogo más que tratado; y también porque el que lo leyere, cuando oiga que habla el arzobispo, esté atento a oír las palabras graves, pías y eruditas de aquel excelente varón, pues a él piense, vuestra señoría, que oye y no a mí.

Introducción

Eusebio, Antronio, cura, arzobispo

Arzobispo: Vuestro santo celo con que deseáis, hermanos míos, saber estas cosas que habéis propuesto, me parece tan bien que no puedo dejar de alabároslo y asimismo teneros en mucho el trabajo que habéis tomado en venirme a buscar por maestro y guía de vuestro buen deseo; y aunque yo no tenga tanta suficiencia y experiencia como convendría para satisfaceros, tengo buena esperanza en la suma bondad y magnificencia de Dios, que viendo vuestros deseos que tenéis de saber, y asimismo mi buena voluntad que tengo de satisfaceros, dará entendimiento y saber a mi corazón y abrirá asimismo mi boca para que satisfaga a mí y a vosotros. Pues esto mismo hizo otro tiempo con muchos profetas y personas de bajo y humilde entendimiento, y también, pues prometió Jesucristo, Nuestro señor, de hallarse presente a nuestras pláticas todas las veces que nos juntásemos dos o tres en su nombre; así que, pues aquí nosotros nos hemos juntado en su nombre, de creer es que El estará presente a nuestras pláticas y con su espíritu alumbrará nuestros corazones para que lo que aquí habláremos sea para gloria de su santísimo nombre y edificación, no solamente de nuestras almas, sino de las de aquellos que nos tienen las suyas encomendadas. La manera sea ésta: para que mása vuestro placer se haga, que vosotros me preguntéis todo lo que deseáis saber, y yo os responderé según Dios me diere sabiduría y entendimiento.

Eusebio: Lo uno y lo otro ha dicho vuestra señoría cristianamente y muy bien.

Arzobispo: No cures ahora de esas señorías, que pues estamos aquí solos, no quiere que me habléis vosotros con más cortesía que yo a vosotros.

Eusebio: También me contenta eso que decís ahora, como lo que dijisteis antes; y pues así es, yo quiero dejar al cura que pregunte, y sobre lo que él preguntare repreguntaré yo, si algún escrúpulo me quedare.

Antronio: Muy mejor será que vos preguntéis, pues lo sabréis mejor hacer que yo, conforme a lo que vos deseáis saber, y yo os he comunicado, porque de esta manera yo quedaré más satisfecho y mejor instruido.

Eusebio: Sea como mandareis: yo huelgo de hacer lo que queréis; y pues tengo de empezar, quiero levantar la plática desde el principio de la Cristiandad, porque con la gracia de Dios la traigamos al fin; y pues así es, decidnos primeramente por qué nos llamamos con este nombre de cristiano y de dónde tuvo principio.

Arzobispo: Llamámosnoslo, porque así como antiguamente de Israel se llamaron israelitas los que eran del linaje de Israel, así es razón que nosotros, de Jesucristo, nos llamemos cristianos, pues tenemos fe en El. Donde este nombre primero se puso fue en Antioquía. La causa fue ésta: que viendo los Apóstoles que crecía el número de los que se allegaban a su predicación, parecióles que era bien que todos los que confesasen la fe de Jesucristo y guardasen la ley evangélica de Cristo se llamasen cristianos.

Eusebio: ¿Qué diferencia hay entre el cristiano y el no cristiano?

Arzobispo: Que el cristiano, después de haber recibido el agua del bautismo, se funda principalmente en fe y caridad, y luego en aprovechar a todos y no dañar a alguno, y en fin, en vivir a ejemplo de Jesucristo, Nuestro señor, pura y sinceramente.

Eusebio: Y al que viéramos que tiene todo eso, ¿tendrémosle por cristiano?

Arzobispo: Sí, ¿por qué no?

Eusebio: Porque nos podremos largamente engañar.

Arzobispo: ¿Cómo?

Eusebio: Yo os lo diré. Cuanto a la fe y caridad, que son virtudes interiores, ya veis que no podremos juzgar si uno las tiene o no; lo demás, también lo puede tener un infiel, pues de muchos gentiles leemos que lo tuvieron.

Arzobispo: Bien sé dónde vais; queréis decir que, juntamente con lo que dije, es menester que el cristiano guarde las ceremonias y estatutos de la Iglesia.

Eusebio: Muy bien me entendisteis.

Arzobispo: Mirad, padre, lo que yo dije que el cristiano debe tener es lo principal; lo otro es accesorio; así que, de la misma manera que no tenemos por cristiano al que no guarda las ceremonias de la Iglesia, querría yo que no tuviésemos tampoco por cristiano al que no hiciese lo que primero dije. Pero están en este caso los juicios del vulgo, y aun de más que vulgo, tan corrompidos, que cuando en ello pienso, es cierto que de lástima se me rompen las entrañas. Pero de esto quizá hablaremos más adelante a otro propósito.

Eusebio: En verdad; vos habéis respondido harto mejor que un cierto donado nuestro, que preguntándole una vez, por reír, qué diferencia había entre los cristianos y los moros, dijo que él no sabía otra sino que nosotros no comemos carne la Cuaresma y ellos sí, y nosotros guardamos los domingos y fiesta, y ellos no; pues, si os place, bien tenía treinta años el mancebo que era donado.

Arzobispo: Por cierto, él había aprendido harto con vuestra conversación. Seguramente ese tal era más aficionado al torrezno que al libro. Pues, tornando a nuestro propósito, es menester que el cristiano tenga la señal de cristiandad que dijo Jesucristo, Nuestro señor, a los Apóstoles cuando les dijo: En esto conocerán todos que sois mis discípulos, si os amareis unos a otros. Porque, pues, aún ahora nosotros, al que no anda vestido con estas vestiduras, no le tenemos por fraile de San Jerónimo, porque algunos dicen: es esta la señal que dejó San Jerónimo a sus frailes; es también mucha razón que al que no tuviere la señal que Jesucristo dejó a los suyos, no le tengamos por cristiano.

Eusebio: Está eso muy bien dicho, y puesto que aquí hemos de tratar de cómo un cristiano debe ser instruido en la doctrina de Jesucristo, decidnos, ¿qué es la primera cosa que se debe enseñar al cristiano?

Arzobispo: Ya, por lo que encomendáis a los padrinos de los niños, cuando los bautizáis, sabéis que lo principal debe ser instruirlos en la fe y en buenas y santas costumbres, y enseñarles el Pater Noster y el Ave María y el Credo. Esto es menester les encomendéis con mucho ahínco y muy de veras, y lo mismo encomendaréis a sus padres; y esto no solamente cuando los acabáis de bautizar, sino siempre que se ofreciere oportunidad, encargándoles asimismo que tengan mucho cuidado y vigilancia para que los ánimos de sus hijos no se corrompan con malas compañías ni con malas pláticas; de manera que, en cuanto fuere posible, aparten sus hijos de sí cuando hablan o entienden en alguna cosa que no sea cristiana, y que los apliquen y enamoren a la doctrina de Jesucristo; de tal manera que, aun en nombrarlo, se deleiten y tomen placer. Además de esto, les debéis encomendar que miren mucho en cuyo poder ponen sus hijos, para que los adoctrinen en buenas costumbres y les enseñen letras; y decirles que procuren que el maestro sea tan hombre de bien, y de tan buenas y santas costumbres, que juntamente aprendan de él los niños letras y santidad.

Antronio: Y el que no tiene para poder hacer eso, ¿qué hará?

Arzobispo: Encomendadlo vos a todos, y el que no tuviere para poderlo hacer, a lo menos hará lo que pudiere. Creedme, una cosa: que si los señores y personas ricas tuviesen este aviso, no harían lo que, no sin gran detrimento de la cristiandad, comúnmente vemos que hacen.

Antronio: ¿Qué es lo que se hace?

Arzobispo: Yo os lo diré. Parece que tienen más cuidado en hacer de una muleta buena mula, que no de sus hijos buenos cristianos.

Antronio: ¿De qué manera?

Arzobispo: De ésta. Vemos que para la mula no toman sino persona que sepa muy bien regirla, de manera que la haga muy bien andar y no trotar, y la sepa bien pensar, y no estragar; pero para sus hijos no curan de mirar si es el ayo o maestro que les quieren dar persona de buenas costumbres o de malas, libre de vicios o vicioso, amigo de virtudes y bondades o maldades y ruindades, y, en fin, buen cristiano o malo; sino míranle no más que esto: si tiene buen coram vobis, como dicen, para parecer entre señores, y si es de linaje, y así otras cosas de que al pobre muchacho se le puede seguir muy poco provecho y se le siguen, a ratos, muy muchos daños. Y así como en la tierna edad se embeben los tales en costumbres mundanas, por maravilla después las pueden desechar de sí; y como esto cae en los principales, a quienes todos tienen por dechado, a fe mía vanse todos por aquel camino. Pues ya vos veis, si esto se remediase, ¡cuán gran parte de bien sería en la cristiandad!

Antronio: Por mi fe, que tenéis grandísima razón y que me contenta en extremo lo que decís; y yo os prometo hacerlo de aquí adelante de esa manera. Pero decidme, ¿qué os parece debo primero y principalmente enseñar a los niños que acostumbran a venir a mi iglesia?

Arzobispo: Os he de decir esto por el mismo orden que yo tengo acordado se haga en todo mi arzobispado; y así digo que lo primero sea traerles muchas veces a la memoria el voto que hicieron en el bautismo y dárselo muy claramente a entender.

Antronio: ¿Qué voto es ese que decís, que yo ni le sé ni jamás oí decir que hubiese tal voto?

Arzobispo: ¿Cómo no? Cuando bautizáis un niño, ¿sus padrinos no prometen en su nombre que vivirá y morirá en la fe y doctrina de Jesucristo, y en señal de esto no les hacéis decir el Credo?

Antronio: Sí hago.

Arzobispo: Pues luego, ¿no os parece que esto es hacer voto?

Antronio: Por mi salud, que decís verdad; nunca había mirado en ello, aunque creo he bautizado en este mundo más de quinientos niños y niñas; ni aun pensé que había otros votos sino los que hacen los frailes.

Arzobispo: Antes esos de los frailes son solamente para poder con más aparejo guardar éste, que es el principal, y sin el cual ni por pensamiento somos cristianos. Este voto, pues, conviene que les traigáis muchas veces a la memoria, diciéndoles que se acuerden que en el bautismo renunciaron a Satanás con todas sus pompas y malos deseos, y asimismo renunciaron al mundo; quiero decir los apetitos y deseos mundanos, y prometieron de ser perfectos en la Orden de Jesucristo, para tener con El fe y amor, y seguir su santísima doctrina e imitar su perfectísima vida, pues que éste es el fin a que todo cristiano debe tener siempre ojo.

Antronio: Por las órdenes que recibí, nunca jamás oí lo que vos ahora me decís. Y cuanto a lo primero, yo huelgo harto de saberlo para mi provecho, y en lo demás, yo os prometo que ningún día pase sin decirlo a mis muchachos.

Eusebio: Eso haréis vos muy bien y muy conforme a lo que debéis; y pues quisisteis que yo preguntase, dejadme hacer; y vos, señor, decidnos qué es lo que después de eso se debe de enseñar.

Arzobispo: El Credo o símbolo que decimos de los Apóstoles, porque allí están los artículos de la fe, qué es lo que el cristiano es obligado a creer. Esto es menester que muy discretamente se lo declaréis, de manera que entiendan qué es lo que en cada artículo han de creer y cómo lo han de creer.

Eusebio: Bien está; eso nos diréis después; ahora decidnos lo que después se debe enseñar.

Arzobispo: Después del Credo, los diez Mandamientos, porque es menester que sepan cómo han de agradar a Aquel en quien ya creen, y cómo han de cumplir su voluntad; lo cual todo se muestra en ellos; y conviene que se lo declaréis muy enteramente y que les deis a entender cómo para ser cristianos, ni aun el menor de todos ellos jamás han de quebrantar. Junto con estos Mandamientos es bien que les enseñéis los capítulos de San Mateo, quinto, sexto y séptimo, porque allí está la suma y cumplimiento de la Doctrina Cristiana; y diciéndoles esto, procuraréis de aficionarlos y enamorarlos a la doctrina evangélica, dándoles a entender cómo es yugo suave y carga muy liviana al que con amor y afición la toma. Les enseñaréis luego, de qué se deben guardar, para que vivan siempre con continua cautela. Aquí les diréis algo de los siete pecados mortales, y se los diréis de manera que les empiecen desde niños a aborrecer. Asimismo es bien que sepan los dones del Espíritu Santo, las virtudes teologales y así otras cosas semejantes. Conviene también que les declaréis muy santa y brevemente la oración del Pater Noster, y se la encarezcáis muy mucho, para que la tengan en lo que es razón, y no hagan como el vulgo de los ignorantes, que rezan y no saben qué es lo que dicen.

Antronio: ¿Y no os parece que será bien avezarles, junto con eso, algunas oraciones devotas?

Arzobispo: En eso haced vos como quisiereis; aquí solamente os decimos lo que es necesario que todo cristiano sepa; en eso otro no me entrometo. Además de esto, será muy bien que en un brevecito compendio y arte les enseñéis todo el discurso de la Sagrada Escritura, donde se comprenda sumariamente lo que aconteció desde que crió Dios el cielo y la tierra, y todo lo que en ellos está, hasta el gloriosísimo advenimiento de Jesucristo, Dios y señor nuestro.

Antronio: Eso querría que me dijeseis, pues lo debéis tener bien aprendido.

Arzobispo: Sí tengo, y sí os lo diré, pero a su tiempo.

El credo o símbolo de los apóstoles

Eusebio: Decís muy bien, y pues decís que lo primero que a los niños se debe enseñar es el Credo, es menester que nos digáis sobre cada artículo de él lo que os parece se les debe decir.

Arzobispo: Soy contento. Preguntádmelo vos de la manera que lo deseáis saber y yo os responderé, y de esta manera quedará declarado, de suerte que pueda el cura tomar para sus muchachos lo que mejor pareciere.

Antronio: Sea así.

Eusebio: El primer artículo dice: Creo en Dios Padre Todopoderoso, que crió el cielo y la tierra.

Arzobispo: Así es verdad.

Eusebio: Pues veamos ahora, cuando decimos Dios, ¿qué hemos de entender?

Arzobispo: Que es un ser eterno que ni jamás tuvo principio ni ha de tener fin, y que es tal que no hay cosa que en grandeza ni en sabiduría se le pueda igualar. El cual con sólo su querer crió todas las cosas, así visibles como invisibles, y con su maravillosa sabiduría las rige y gobierna; con su suma bondad todas las apacienta y conserva; el cual también restituyó al linaje humano de la miseria en que por el pecado del primer hombre cayó.

Eusebio: Veamos, ¿qué es el provecho que de considerar estas tres cosas en Dios se puede sacar?

Arzobispo: Yo os lo diré: que cuando le consideramos omnipotente, nos sometemos todos y del todo a El, viendo que delante de su majestad es nada toda la alteza de los hombres y de los ángeles; y así, luego, con grandísima fe y entera certidumbre, creemos todas las cosas que en la Sagrada Escritura se cuentan que hizo; y también creemos que acontecerá lo que prometió que acontecería, y de aquí viene que, desconfiando de nuestras fuerzas, que son en la verdad flacas y ruines, nos ponemos muy de verdad en las manos de Aquel que puede todo lo que quiere. Cuando pensamos en su suma sabiduría, ningún caso hacemos de nuestra sabiduría ni de la de ningún hombre, pero creemos que todas las cosas que Él hace las hace recta y justamente; puesto caso que al juicio humano algunas parezcan absurdas. Cuando consideramos su suma bondad, conocemos claramente que ninguna cosa hay en nosotros que no la debamos a su magnífica liberalidad, y pensamos también que no hay pecado, por grave que sea, que El no huelgue de perdonar al que muy de veras se vuelve y convierte a El, y además de esto, que ninguna cosa hay en el mundo que El no huelgue de dar al que con entera confianza se la pide.

Eusebio: Y, veamos, ¿creéis que basta solamente creer que es Dios tal como decís?

Arzobispo: No, de ninguna manera; antes, además de esto, es menester que con sincero y puro ánimo pongamos en El todo nuestro amor, esperanza y confianza, y abominemos y maldigamos a Satanás con toda la idolatría y todas las maneras de artes mágicas, y que a un solo Dios adoremos y ninguna cosa haya que tengamos en más ni en tanto como a El: ni ángel, ni padres, ni señor, ni riquezas, ni honras, ni deleites; así que estemos aparejados a perder la vida por su causa, con entera y firme certidumbre que no puede perecer el que se pone todo en sus manos.

Eusebio: Veamos; ¿hay alguna cosa que debamos honrar, temer o amar, sino a un solo Dios?

Arzobispo: Si alguna cosa honraremos, si algo temeremos, si algo amaremos fuera de El, por su amor lo debemos honrar, tener y amar, atribuyéndolo todo a su gloria, dándole siempre gracias por todas las cosas que nos sucedieren, ahora sean tristes, ahora sean alegres.

Antronio: Veamos, señor, ¿eso es para todos?

Arzobispo: Sí, sin duda; para todos los que quisieren gozar de la pasión de Jesucristo es esto, y no para unos más que para otros.

Eusebio: Está bien, vamos adelante.
El segundo artículo es creer en Jesucristo, Hijo de Dios, un solo señor, Dios nuestro.

Arzobispo: Es verdad.

Eusebio: Pues decidnos, ¿cómo pudo ser que el mismo Jesucristo fuese Dios inmortal y hombre mortal?

Arzobispo: Fue esa una cosa muy ligera de hacer a Aquel que puede todo lo que quiere; y además de creer que Jesucristo es tal por causa de la naturaleza divina que tiene común con el Padre, todo lo que de grandeza, de sabiduría y bondad atribuimos al Padre, lo hemos de atribuir también al Hijo; y todo lo que debemos al Padre, hemos de creer que se lo debemos también al Hijo. Verdad es que quiso el eterno Padre criar todas las cosas y dárnoslas mediante el Hijo.

Eusebio: ¿Por qué la Sagrada Escritura llama al hijo Hijo?

Arzobispo: Porque es propio del Hijo ser engendrado y nacer del eterno Padre. **Eusebio:** ¿Por qué lo llama único?

Arzobispo: Por hacer diferencia entre el Hijo natural, que es Jesucristo, y los hijos adoptivos que son todos los que están allegados y unidos con El por unión de amor.

Eusebio: Pues veamos, ¿por qué quiso Dios que su Hijo, siendo Dios, se hiciese hombre?

Arzobispo: Porque mediante hombre fuesen los hombres reconciliados con Dios.

Antronio: Huélgome en extremo de oíros, porque si bien pregunta el uno, muy mejor responde el otro.

Eusebio: Yo os prometo que vos oigáis cosas de que más os maravilléis.

El tercer artículo es creer que Jesucristo fue concebido por obra del Espíritu Santo, y que nació de la Virgen María. Decidnos la causa por qué quiso nacer de esta manera.

Arzobispo: Porque así convenía que naciese Dios y así era necesario que naciese el que venía a limpiar las inmundicias y suciedades de nuestro nacimiento. Quiso Dios nacer hijo humano para que nosotros, naciendo atra vez en virtud suya, por nuevo nacimiento espiritual, naciésemos hijos de Dios.

Eusebio: Y decidme, ¿hemos de creer que este mismo Jesucristo conversó acá en el mundo, e hizo aquellos milagros, y enseñó aquellas cosas que cuentan los evangelistas?

Arzobispo: Mucho mejor que creer que yo soy hombre.

Eusebio: Luego, ¿también hemos de creer que es éste el Mesías que estaba figurado en las figuras de la ley vieja, el cual habían prometido los profetas, y los judíos por luengo tiempo habían esperado?

Arzobispo: Sí, sin ninguna duda, y de la misma manera debéis creer que para alcanzar entera y perfecta santidad, basta imitar y seguir la vida y doctrina del mismo Jesucristo.

Eusebio: De estos tres artículos pasados, yo quedo bien satisfecho.

El cuarto ya sabéis que es creer que este mismo Jesucristo, señor nuestro, padeció muerte y pasión en tiempo de Poncio Pilato, y que fue crucificado, muerto y sepultado.

Arzobispo: Sí sé; pero también conviene que sepamos que fue cordero sin mancilla y que padeció todas estas cosas muy de buena gana, sin culpa suya, y como aquel que para nuestra salvación mucho las deseaba padecer, y también que fue todo por ordenación de su Eterno Padre.

Eusebio: Decidnos más, ¿por qué el Padre quiso que su tan querido Hijo, siendo la misma inocencia, padeciese cosas tan crueles, tan indignas y terribles?

Arzobispo: Porque mediante este altísimo sacrificio fuésemos reconciliados con El cuando pusiéremos en su nombre toda la confianza y esperanza de nuestra justificación.

Eusebio: Decidnos otra cosa, ¿por qué consintió Dios que todo el linaje humano cayese de tal manera?; y ya que lo consintió, veamos, ¿no pudiera reparar por otra vía nuestra caída?

Arzobispo: Esto me da a mí a entender, no la razón humana, la cual de esto alcanza muy poco, sino la fe, que por ninguna otra vía se pudiera hacer mejor ni con más utilidad nuestra.

Antronio: Una cosa ha mucho que yo deseo saber, la cual os quiero preguntar: ¿por qué quiso Jesucristo morir esta manera de muerte antes que otra ninguna?

Arzobispo: Porque estaba así profetizado, y porque el mundo la tenía esta manera de muerte por la más deshonrada de todas, porque los tormentos de ella son crueles y pesados; así que de tal muerte convenía que muriese Aquel que, teniendo extendidos los brazos hacia todas las partes del mundo, convida a todas las gentes de él a la salud y vida eterna. Y asimismo llama a los hombres que están chapuzados en cuidados terrenales, a que gocen de los gozos celestiales; y, en fin, puesto de aquella manera en la cruz, nos representó la serpiente que Moisés colgó del madero, para que los que fuesen mordidos por las serpientes, poniendo los ojos en ella, sanasen.

Eusebio: Está bien; pero veamos, ¿porqué quiso ser sepultado con tanta curiosidad, envuelto con ungüentos, encerrado en nuevo monumento cavado en piedra viva, y sellada la puerta y puestas guardas públicas?

Arzobispo: Por muchas causas, y la una es porque fuese más notorio y claro que verdaderamente había resucitado, y no resucitó luego; porque si la muerte fuera dudosa, fuéralo también la resurrección, la cual quiso El que fuese certísima.

Eusebio: Pues nos habéis ya satisfecho a nuestras preguntas, vamos adelante.

El quinto artículo es creer que descendió a los infiernos y que resucitó al tercero día de entre los muertos.

Antronio: Veamos, ¿padeció allí algún detrimento?

Arzobispo: No, de ninguna manera.

Antronio: Pues, ¿a qué bajó?

Arzobispo: A sacar las ánimas de los santos padres que luengo tiempo le habían esperado, y también para que, habiendo El quebrantado el reino del demonio, de allí adelante pudiésemos nosotros más a nuestro salvo pelear contra el mismo demonio.

Antronio: ¿Por qué quiso resucitar?

Arzobispo: Por tres cosas principales: la primera, por darnos cierta esperanza de nuestra resurrección; la segunda, porque supiésemos que es inmortal y así, de mejor gana, pusiésemos en él la esperanza de nuestra salud; la última, porque muertos nosotros (mediante la penitencia), a los pecados, y sepultados juntamente con Jesucristo mediante el bautismo, favorecidos con su gracia, resucitásemos para vivir nueva manera de vida.

Antronio: En verdad, estas tres razones me parecen a maravilla bien. ¡Quién tuviese por escrito todo lo que aquí decís!

Eusebio: Paréceme, que pues os parece bien, lo debéis escribir en vuestra memoria, o por mejor decir, en vuestra alma; pero ¡dad acá!, no perdamos tiempo.

El sexto artículo es creer que Jesucristo subió al cielo, y que está sentado a la diestra de Dios Padre.

Arzobispo: Así es verdad, y así lo debemos todos creer.

Eusebio: Veamos, ¿por qué quiso dejar el mundo?

Arzobispo: Porque todos le amásemos espiritualmente y juntamente levantásemos nuestras almas al cielo; y así ninguna nación hubiese que particularmente se pudiese vanagloriar de tener en su tierra a Jesucristo; ni menos hubiese ninguno que por la presencia corporal le amase, como parece que algún tiempo le amaron los Apóstoles.

Eusebio: Es sin duda muy buena y cristiana razón la que decís, y pluguiese a Dios que aprendiésemos todos los que nos llamamos cristianos a no hacer tanto hincapié en estas cosas corporales y exteriores, y a poner todo el fundamento de nuestra cristiandad en las espirituales e interiores. Esto hará Dios cuando fuere servido.

Quiero yo preguntar adelante: el séptimo artículo es creer que el mismo Jesucristo desde allí ha de venir a juzgar a los vivos y a los muertos. Y quiero que me digáis lo que de estos advenimientos sentís.

Arzobispo: Soy contento. El primer advenimiento fue, según las profecías, en el cual vino Jesucristo, humilde y abyecto, para instruir nuestra vida, quiero decir, para mostrarnos cómo hemos de vivir si queremos ser partícipes de su gloria, la cual quiso El que alcanzásemos en virtud de su justicia. Será también el segundo advenimiento, según las profecías, en el cual vendrá con gran majestad. Y estarán, mal que les pese, ante su acatamiento todos los hombres, de cualquier estado o nación que sean, porque todos los que desde el principio del mundo, hasta aquel día fueren muertos, en un instante resucitarán, y cada uno, vestido con su mismo cuerpo, verá al eterno juez. Allí se hallarán los bienaventurados ángeles como siervos fieles. También se hallarán los demonios para ser juzgados. Y entonces, aquel divino juez Jesucristo pronunciará desde lo alto aquella inmutable sentencia, por la cual enviará a los eternos tormentos a todos los que siguieron la bandera del demonio, y a todos los buenos santos llevará consigo para que juntamente gocen del Reino celestial, ya seguros de toda molestia y trabajos. Verdad es que no quiso manifestarnos el día de este advenimiento; lo cual todo conviene que creamos así los cristianos, y que lo enseñemos asimismo a los que instruimos.

Antronio: Cuanto a mí, paréceme cosa de entre sueños oír lo que oigo, porque de todo ello no sabía más que una tabla.

Eusebio: Bien está. El octavo artículo es creer en el Espíritu Santo. De éste bien sé yo que nos diréis maravillas.

Arzobispo: Lo que os puedo decir es que conviene que todos creamos que el Espíritu Santo es verdadero Dios, juntamente con el Padre y con el Hijo; y que de tal manera son tres personas, que es una misma esencia, quiero decir, un mismo ser. Y porque no hay razones humanas que sean bastantes para persuadir y para entender esto, es menester que el entendimiento humano se sojuzgue y someta a la obediencia de la fe. Por este mismo Espíritu hemos de creer que fueron inspirados los que nos escribieron los libros del Viejo y Nuevo Testamento, sin cuyo favor y gracia ninguno alcanza vida ni salud eterna.

Eusebio: ¿Por qué se llama Espíritu?

Arzobispo: Porque así como nuestros cuerpos viven mediante el hálito o huelgo, así mediante las secretas inspiraciones que se atribuyen al Espíritu Santo, son nuestros ánimos vivificados.

Eusebio: Veamos. ¿Es lícito llamar al Padre, Espíritu?

Arzobispo: Sí, ¿por qué no?

Eusebio: Porque parece que se confunden las personas.

Arzobispo: No hacen; que el Padre llámase Espíritu, porque es incorpóreo, lo cual es común a todas tres personas según la naturaleza divina. Pero la tercera persona llámase Espíritu porque a ella se atribuye que inspira e invisiblemente traspasa por nuestros ánimos, así como los aires traspasan por la tierra o por el agua.

Antronio: Cuanto que eso por alto se me pasa a mí; allá os avenid vosotros que lo entendéis.

Eusebio: Aunque ahora no lo entendáis, no curéis que vos lo entenderéis algún día; y porque se nos va ya el tiempo, ya veis, que el nono artículo es creer la Santa Iglesia Católica, que es la comunión de los santos.

Arzobispo: Bien decís.

Eusebio: Pues quiero que me digáis, por qué no decimos en la Santa Iglesia.

Arzobispo: La causa de esto anota muy bien San Cipriano, el cual dice que, porque en sólo Dios somos obligados a creer, por eso no pusieron los Apóstoles en la Santa Iglesia, sino Santa Iglesia.

Antronio: Eso no lo entiendo, si no me lo decís más claro.

Arzobispo: Lo que San Cipriano dice es, que conviene que tengamos nuestra esperanza del todo puesta en Dios, y no en criatura ninguna, y porque la Iglesia consiste de hombres que son criaturas en las cuales no es lícito que pongamos nuestra esperanza ni confianza, por eso se hace aquella diferencia.

Antronio: Está bien, pero a esa cuenta querría decir, creo Santa Iglesia.

Arzobispo: Habéis de saber que Iglesia es vocablo griego y quiere decir congregación o ayuntamiento. Pues lo que en este artículo decimos que creemos, es que hay acá en el mundo una iglesia que es un ayuntamiento de fieles, los cuales creen en un Dios Padre y ponen toda su confianza en su Hijo y son regidos y gobernados por el Espíritu Santo que procede de entrambos. De la cual congregación se aparta cualquiera que comete pecado mortal, y así dicen algunos, según vos parece que lo entendéis, que lo que se añade, ayuntamiento de santos, no es otra cosa sino declaración de lo primero. Como si dijera: Santa Iglesia Católica, quiero decir, ayuntamiento de santos, que es brevemente una tal participación y comunicación entre todos los santos, que son los verdaderos cristianos, que desde el principio del mundo fueron y serán, de todas sus buenas obras, cual es la amistad y compañía de los miembros del cuerpo, de tal manera que los unos se ayudan a los otros. Pero fuera de esta congregación que digo, aun sus propias buenas obras no aprovechan a ninguno para la vida eterna, si no se reconcilia y torna a juntar a la santa congregación; y por esta causa se sigue luego el décimo artículo, que es: creer la remisión o perdón de los pecados; porque fuera de la Iglesia que digo, a ninguno se perdonan los pecados; puesto caso que se aflija mucho y atormente con penitencias o ejercite todas las obras de misericordia; y mirad que digo que en la Iglesia, no de los herejes, sino santa; quiero decir, que está ayuntada con el espíritu de Jesucristo. Hay remisión de pecados, mediante el bautismo; y después mediante la penitencia y las llaves que Jesucristo dio a la Iglesia. Todo esto se debe saber, y creer y enseñar de esta manera; y yo así tengo determinado de mandar se haga en mi arzobispado; porque diciéndose de esta manera se mostrará la necedad grosera de muchos que temeraria y locamente dicen que ya no hay en el mundo santos; y los necios no miran que lo que por una parte confiesan en el Credo, por otra lo niegan en sus pláticas; esto les viene de no saber lo que confiesan que creen; y por ventura no lo saben, porque no han tenido quien se lo declarare.

Antronio: Por las órdenes que recibí, que yo he caído en esa necedad muchas veces sin mirar en ello. Pero de aquí en adelante sabré más.

Eusebio: Sí sabréis, yo os prometo, y por tanto me debéis dejar preguntar El undécimo artículo es: creer la resurrección de la carne. Decidnos, ¿qué debemos entender por carne?

Arzobispo: El cuerpo humano animado con ánima humana.

Antronio: Pues tan a mi placer respondéis, decidme a mí: ¿hemos de creer que cada ánima tomará a tomar el mismo cuerpo que dejó?

Arzobispo: Sí, sin duda alguna.

Antronio: Recia cosa parece que después de haber sido traído un cuerpo muerto de acá para acullá pueda resucitar todo junto.

Arzobispo: Mirad, hermano, al que pudo criar todo cuanto quiso de la nada, creedme que no le será dificultoso tornar en su primera figura lo desfigurado. La manera cómo esto se ha de hacer, no curemos aquí de disputarla, pues nos basta abrazándonos más con la fe que con razones humanas. Creed que el que esto prometió es de tal manera verdadero que no puede mentir, y es de tal manera poderoso que en un momento puede hacer cuanto quisiere.

Antronio: Yo quedo de esto satisfecho; pero decidme otra cosa: ¿qué necesidad habrá entonces de los cuerpos?

Arzobispo: Sabed, hermano, que quiere Dios que todo el hombre, en cuerpo y alma, se goce en la gloria con Jesucristo, pues acá en el mundo fue todo, cuerpo y alma, afligido por Jesucristo.

Eusebio: A lo menos, de esto no os quejaréis que no quedáis satisfecho; y pues ya no nos queda sino el último artículo, que es: creer la vida eterna, por caridad, declarádnoslo muy altamente.

Arzobispo: Lo declararé como supiere. Habéis de saber que en esta vida hay dos maneras de muertes: la una del cuerpo, y ésta es común a los buenos y a los malos; la otra del alma. En la otra vida, después de la universal resurrección, tendrán los buenos vida eterna, así del cuerpo como del alma. Y el cuerpo será ya libre de toda fatiga y, hecho espiritual, será regido por el espíritu; y el alma, siendo libre de toda tentación, gozará sin fin del sumo bien que es Dios. Tendrán por el contrario los malos muerte eterna, así del cuerpo como del alma, porque tendrán cuerpo inmortal, para que eternamente sea atormentado, y alma que sin esperanza de misericordia sea siempre afligida con estímulo de pecados.

Antronio: En verdad, eso me contenta mucho. Pluguiese a Dios que lo supiese yo tan bien sentir como vos sabéis decir.

Arzobispo: Mirad, hermano, el saber decir bien las cosas es a las veces (como dicen) gracia natural. Pero el saberlas gustar y sentir creedme que es don de Dios; dígolo, porque si lo que he dicho os parece bien y deseáis el fruto de ello, debéis pedirlo a Dios; y pedirlo, no tibia, ni fríamente, sino con mucho fervor, conociendo vuestra necesidad, porque quiero que sepáis que tanto fervor tenemos en la oración, cuanta es la necesidad que en nosotros conocemos.

Eusebio: Dios me es testigo, que entre muchas declaraciones del Credo que he oído, es ésta que aquí habéis dicho la que más me satisface; y por esto os suplico, señor, que me digáis si la habéis aprendido en algún libro.

Arzobispo: Que me place de muy buena gana. Bien habréis oído nombrar un excelente doctor, verdaderamente teólogo, que ahora vive, el cual se llama Erasmo Roterodamo.

Eusebio: Sí, he.

Arzobispo: ¿Ya habéis leído algunas obras suyas?

Eusebio: No, porque algunos me han aconsejado que me guarde de leerlas.

Arzobispo: Pues tomad vos mi consejo y dejad a ésos para necios; y vos leed y estudiad en las obras de Erasmo y veréis cuán gran fruto sacáis; y dejado aparte esto, habéis de saber que entre las obras de este Erasmo hay un librito de coloquios familiares, el cual dice él que hizo para que los niños juntamente aprendiesen latinidad y cristiandad, porque en él trata muchas cosas cristianas. Entre éstos, pues, hay uno donde se declara el Credo casi de la manera que yo aquí os lo he declarado; y no os maravilléis que lo tenga así en la cabeza, que lo he leído muchas veces y con mucha atención.

Eusebio: Dígoos de verdad que, dejada aparte la autoridad de vuestra persona, la cual yo tengo en mucho, solamente esta declaración del Credo me aficionará a leer en Erasmo, y nunca dejarlo de las manos; lo cual entiendo hacer así de aquí en adelante.

Antronio: Por el hábito de San Pedro, que aunque por información de algunos amigos míos estaba mal con ese Erasmo que decís, yo de aquí en adelante estaré bien, pues vos, señor, le alabáis tanto. Mirad, cuánto hace al caso la buena comunicación; pero ha de ser con esta condición, pues yo no entiendo esos latines, que me habéis de dar un traslado de ese coloquio o como le llamáis.

Arzobispo: Soy contento; yo haré que se os dé; pero mirad, padre honrado, las cosas semejantes más es menester que se tengan impresas y encajadas en el alma que escritas en los libros. Os lo digo porque querría que hicieseis más caso de tener lo dicho en vuestra alma que en vuestra cámara.

Antronio: Vuestro consejo es como de tal persona se espera. Yo os prometo de trabajar cuanto pudiere, con la gracia de Nuestro señor, en hacer lo que decís.

Arzobispo: Hacedlo vos así, y yo os doy mi palabra que no perderéis nada. También podréis de aquí colegir la manera cómo habéis de declarar a vuestros muchachos el Credo, y después que lo sepa alguno, debéisle vos mismo preguntar, así como Eusebio me ha preguntado a mí.

Antronio: Digo que también haré eso.

Eusebio: Pues ya el Credo está declarado, conviene que pasemos adelante.

Al principio dijisteis que lo primero que al niño cristiano se le debe enseñar, después del Credo, son los diez mandamientos. Habréis de decirnos ahora la causa.

Arzobispo: Que me place. Claro está que, después que el hombre ha sabido en quién ha de creer, y despés también que ha sabido qué es lo que ha de creer, lo cual hemos mostrado en el Credo, es menester que sepa la voluntad de Aquél a quien ya conoce y en quien ya cree. Esta voluntad declaró Dios en otro tiempo a los hijos de Israel, dándoles los diez Mandamientos, que también ahora somos nosotros obligados a guardar y declaróles más Jesucristo, Nuestro señor, estando y conversando acá en el mundo, como quizá diremos adelante; y por esta causa dije lo que dije.

Eusebio: Y aun fue muy bien dicho; y pues nos habéis de declarar los Mandamientos, querría me dijeseis primero por qué casi en todos los diez Mandamientos no manda Dios lo que quiere que hagamos, sino lo que quiere que no hagamos. Quiero decir, ¿por qué no dice: Adorarás a un solo Dios, sino: no adorarás dioses ajenos, y semejantemente en los más de los otros?

Arzobispo: Esa es cosa que la certidumbre de ella pende de la sabiduría de Dios; pero con su gracia os diré lo que a otro que me preguntó lo mismo respondí, y si vos supiereis otra cosa mejor, decidla. Habéis de saber que las leyes de los hombres solamente se ponen porque no hagamos de nuevo lo que ellas nos vedan; pero la ley de Dios es de muy otra manera; por la cual no solamente somos avisados para lo sucesivo de lo que debemos hacer y no hacer, sino, como dice San Pablo, por ella venimos en conocimiento de los malos pecados que hemos hecho contra Dios; y así muéstranos cómo somos pecadores, el cual conocimiento es principio de verdadera justificación. Así que, cuando yo oigo que es la voluntad de Dios que no adore dioses ajenos, mejor vengo en conocimiento de lo que en esto he pecado que si me dijese: «adora a un solo Dios». Porque en decírmelo de la manera primera, paréceme a mí que me dice la ley: ¡oh, miserable hombre! Ves, aquí te muestro tu maldad. Debías ser tal que ni tuvieses dioses ajenos, ni tornases el nombre de tu Dios en vano, y que ni matases, ni fornicases, y veste aquí muy ajeno de esta bondad, y perverso.

Eusebio: Por mi fe, que vuestra respuesta ha sido harto sutil y harto cristiana; y de la misma manera tengo buena esperanza que nos diréis lo demás. Y pues ya tenemos que el primer Mandamiento es: no tendrás dioses ajenos, resta que nos declaréis brevemente y digáis qué es lo que quisiereis que de él supiesen todos los cristianos, porque así sabremos nosotros lo que les habremos de enseñar.

Arzobispo: Que me place. Cuanto a lo primero, pues que este mandamiento se quebranta con el pecado de la idolatría, es menester que sepan que hay principalmente dos maneras de idolatría, una es exterior y otra interior. La exterior es adorar un madero, una piedra, un animal o alguna cosa tal; así como parece por el Testamento viejo y por las escrituras de los gentiles que antiguamente algunos hacían; y ésta procedía de la interior, la cual es cuando el hombre, o por temor de la pena, o por su interés propio, deja de adorar exteriormente estas criaturas, pero en lo interior tiene puesto su amor y su confianza en ellas. Poca santidad es, a la verdad, no hincar las rodillas a las honras, ni a las riquezas, ni a otras criaturas, si por otra parte les ofrecemos nuestros corazones, que es la más noble parte del hombre. Porque esto no es otra cosa sino adorar a Dios con la carne, que es con el cuerpo exterior, y adorar interiormente a la criatura con el espíritu. Pues conociendo Dios esta tan grandísima afrenta que le hacemos, se queja de ella en muchas partes de la Sagrada Escritura. Así como aquello: «Israel, si me oyeres, no tendrás Dios nuevo, ni adorarás Dios ajeno». En lo cual parece que a cada uno de nosotros dice: «Oh, hombre pecador, sábete que con tus fuerzas, ni tus ejercicios, jamás podrás venir a tanta perfección que no adores dioses ajenos, porque puesto caso que no adores exteriormente estatuas; en tu corazón, empero, amas más las criaturas que a Mí. Pues créeme que entonces no adorarás Dios ajeno cuando me oyeres a Mí y confiándote en mis palabras las creyeres. Y sólo esta confianza te quitará y apartará de toda codicia y confianza que tengas en las cosas exteriores, y te traerá a Mí, que soy tu criador».

Antronio: Gran cosa es esa que habéis dicho. Decidme, por caridad, ¿cómo se podrá hacer eso?

Arzobispo: Habéis de saber que la fe y confianza que en Jesucristo ponemos lanza fuera toda confianza de propia sabiduría, justicia y virtud, porque nos enseña que si Jesucristo no hubiera muerto por nosotros, ni nosotros mismos, ni ninguna otra criatura, nos pudiera dar verdadera felicidad. Y de este conocimiento nace que menospreciemos todas las cosas exteriores, de manera que el que quisiere hacer lo que vos preguntáis, es menester que muy de veras tenga esta tal confianza; y así, cuando el cristiano oye que Jesucristo padeció por él, y lo cree, nácele una nueva confianza y un cierto amor, a maravilla sabroso, y juntamente perece todo el deseo de las cosas exteriores y nace una estimación de solo Jesucristo, el cual conoce que sólo le basta y del cual es todas las cosas, y por esto le ama sobre todas pera las cosas. De manera que está claro que solamente aquellos cumplen este primer Mandamiento que tienen entera fe, firme esperanza y perfecto amor con Jesucristo nuestro Dios y Redentor, desasidos totalmente de todo afecto de cosas exteriores, para lo cual es sin duda menester especial gracia de Dios.

Antronio: Cuanto, que si vos me preguntáis a mí si tengo Dios ajeno, diréos que no, de ninguna manera.

Arzobispo: Así lo creo yo que lo diréis, y aún de ahí procede todo el mal, que corno no conocemos nuestro mal, no procuramos el remedio de él, y así nos estamos muy de reposo en él. Venid acá, por vuestra vida, ¿estáis vos tan del todo muerto a todas las cosas y tan seguro de Jesucristo, que ni os ensoberbecéis con la riqueza, ni menos os humilláis con la pobreza, y que ni las honras os ensalzan, ni las afrentas os abajan, y que ni os alegráis con la vida, ni os entristecéis por la muerte, y, en fin, de tal manera estáis de la una parte y de la otra seguro y sosegado que de cualquier parte que las cosas caigan, o a bien o a mal, os aseguráis con que tenéis puesta en Jesucristo vuestra esperanza y confianza?

Antronio: Todo eso me parece bien; pero veamos, señor, eso que vos decís, ¿no es solamente para los perfectos?

Arzobispo: A la fe, sí, para los perfectos son estas cosas; conviene a saber, para los cristianos, y no para los infieles.

Antronio: Luego, según eso, ¿vos no hacéis diferencia en los estados de la Iglesia militante, pues igualáis en perfección al plebeyo con el obispo?

Arzobispo: Yo no hablo de ese género de perfección, sino de la perfección cristiana, de la cual cuanto uno más alcanza es más perfecto.

Antronio: De manera que, según vuestra sentencia, ¿todos los que no tienen esa perfección se van al infierno?

Arzobispo: No digo yo tal; pero digo que éste es el puesto o término adonde todos hemos de tener ojo para alcanzarle; y digo más, que de los que no lo alcanzan, solamente aquellos son perdonados que con dolor de su alma conocen y confiesan que no son tales como conviene, y también los que cada día trabajan por ser tales y por alcanzar esta perfección, y que mientras que no la alcanzan dicen aquello del Pater Noster: Perdónanos nuestras deudas, así como también nosotros perdonamos a nuestros deudores. Y aquello de David: Crea en mí un corazón limpio, oh Dios, y renueva un espíritu recto dentro de mí. Pues a éstos digo que se les perdonan sus faltas, mediante Jesucristo, nuestro señor, en el cual creen; pero aquellos que sin temor y sin cuidado de aprovechar en este camino duermen a pierna tendida, verdaderamente no guardan este Mandamiento, y yo os prometo que no se excusarán con decir que no es sino para los perfectos, como vos dijisteis, pues está claro que no se dio para las piedras, sino para los hombres.

Antronio: A mí, dígoos de verdad, que me tiemblan las carnes en oíros, y no sé qué os responda; ¿qué hará, pues, a los muchachos si yo les tengo de decir eso?

Arzobispo: Esa es pusilanimidad muy grande, así que no os tiemblen, sino considerad que, por muy recio que este Mandamiento sea, es más fuerte la gracia de Dios, con la cual fácilmente lo podréis cumplir, y considerando esto, pedidla a Dios con humildad, y yo os prometo que no os la negará, y así veréis cuán liviano y sabroso es lo que ahora os parece pesado y áspero, y aconsejad también esto mismo a todos los cristianos, chicos y grandes.

Antronio: Yo haré lo que decís, pero querría que me dijeseis particularmente quiénes son los que en este Mandamiento pecan.

Arzobispo: No queráis, por amor de mí, que gastemos aquí nuestro tiempo en eso, pues toparéis por ahí mil confesonarios que os lo digan, especialmente uno de un maestro Ciruelo.

Antronio: Bien lo he visto, pero holgara de oírlo de vos.

Arzobispo: Esto os baste, que le quebrantan todos aquellos que no viven con la simplicidad y puridad que hemos dicho.

Eusebio: En extremo me he holgado de oír las preguntas del cura, y pues este primer mandamiento queda ya bien declarado, pasemos al segundo, el cual es: No tomarás el nombre de tu señor Dios en vano, y decidnos lo que de él sentís.

Arzobispo: Este Mandamiento, así como todos los demás, penden del primero, porque el que guardare el primero, guarda todos los otros.

Eusebio: Pues si así es, ¿por qué los ponen distintos?

Arzobispo: Para socorrer a nuestra ceguedad y torpeza, que ni sabemos qué es lo que hemos de hacer exterior ni aun interiormente. Así que en el primer Mandamiento se instruye el corazón y el hombre interior para con Dios, y con éste se instruye la boca; porque así como pecamos contra Dios en tres maneras, con el corazón y con la boca y con la obra, así para cada una hay su Mandamiento, de manera que, así como el que peca con el corazón no peca tampoco con la boca ni con la obra; así el que peca con el corazón, ni por boca ni por la obra puede ser justificado. Pues viniendo a nuestro Mandamiento, habéis de entender: que al mandarnos que no tomemos el nombre de Dios en vano, se nos da licencia que lo tomemos para llamarle, alabarle y confesarle. Y así dice San Pablo: cualquiera que invocare el nombre del señor, será salvo. De manera que diremos que lo toman en vano los hechiceros y los que usan semejantes artes, y los que traen por oficio y granjería jugar y renegar, y aun por ventura podríamos poner entre éstos a los que usan de no sé qué ensalmos. Porque estos tales, como vemos, no toman el nombre de Dios para salud de sus almas ni de las de sus prójimos, ni mucho menos lo toman para gloria de Dios; por donde parece que lo toman en vano, pues en vano lo toman los que lo toman sin necesidad y sin causa. La causa para que es lícito tomarlo es para gloria de Dios y para salud de nuestras almas, que todo casi es uno, y aun en la verdad lo es.

Eusebio: A lo menos, de los que con buena intención usan de estos ensalmos no diréis que pecan.

Arzobispo: ¿Por qué no?

Antronio: Porque dicen que, tal es la obra cual es la intención. Pues si la intención de éstos es buena, ¿por qué será mala la obra?

Arzobispo: Engañado estáis, que ese dicho no lo tendrá San Pablo en todo por verdadero.

Eusebio: ¿Cómo no?

Arzobispo: Porque dice: el que da testimonio de los judíos, que su intención para con Dios era buena, pero que la obra de estar siempre en su pertinacia era mala; y la causa por qué es mala es porque era necia la buena intención.

Eusebio: Bien está.

Arzobispo: Pues veis ahí; lo mismo, si fuera vivo, es de creer que dijera de éstos.

Eusebio: De manera que queréis decir que algunas veces es la intención buena y la obra mala.

Arzobispo: Sí, digo; y si no os basta la autoridad de San Pablo, os daré otra de Jesucristo, Nuestro señor, el cual dijo a sus discípulos que vendría tiempo cuando los que los matasen creerían que hacían un servicio a Dios. La intención de éstos, claro está que era buena, de hacer servicio a Dios; pero también está claro que la obra de matar los Apóstoles era mala. ¿Por qué les acontecía esto así? Porque la intención era necia. Buena también parece que era la intención de Saúl en su sacrificio, pero mirad lo que ganó; y buena la voluntad de David en contar el pueblo, y buena la de Uza en tener el arca que no cayese, y buena la de San Pedro en ofrecerse a la muerte con Jesucristo; pero porque en sus buenas intenciones no tenían discreción, fueron, como veis, castigados. De manera que, para que la obra sea buena es menester que la intención sea buena y discreta.

Eusebio: Bien me habéis concluido; mal defensor tomaron en mí los ensalmadores.

Arzobispo: A lo menos, si yo vivo, antes de mucho haré en mi Arzobispado un tal castigo en ellos que sea sonado; pero dejado esto, que es casi fuera de propósito, digo que en cuanto al jurar queriendo Jesucristo, Nuestro señor, quitar de nuestros ánimos la mala costumbre y vicio de jurar, dijo, según cuenta San Mateo: ya oísteis que fue dicho a los antiguos, «no le perjurarás», pues yo ahora os digo a vosotros «que en ninguna manera juréis». Lo que a mi parecer quiso Jesucristo, Nuestro señor, decir en esto es: A los judíos les era mandado que no se perjurasen; pero érales permitido que jurasen como se les antojase. A vosotros, empero, os digo que de ninguna manera juréis, en lo cual sin duda, quiere que ninguno por su voluntad y sin propósito, jure jamás, y así quita y veda la propia voluntad de jurar, para que ninguno, en cuanto fuere en sí, jure: de manera que si de su propia voluntad y sin algún propósito dice más que sí por sí y no por no, va contra esta doctrina de Jesucristo; y baste esto del segundo Mandamiento.

Eusebio: Baste, pues os parece, y pasemos al tercero, el cual es:

Acuérdate de santificar las fiestas. Este dádnoslo a entender muy bien, porque me parece que yo no lo entiendo, o el juicio del vulgo en este caso, es falso.

Arzobispo: De todo diremos, con la gracia de Dios, lo necesario. Cuanto a lo primero, habéis de mirar que ya en este Mandamiento nos manda Dios obrar, o por mejor decir, holgar, porque entonces huelgue el alma, cuando cumple la voluntad de Dios, para que holgando así no ofendamos a Dios en obras serviles y de pecados. De manera que estos tres Mandamientos aparejan el hombre para Dios, así como limpia materia con que edifique; conviene a saber, para que huelgue, de la manera que dije, con el corazón, con la boca y con la obra; quiero decir, con el hombre exterior, interior y medio, que son la parte sensual, racional y espiritual, para que de esta manera tenga verdadera holganza.

Antronio: Por vuestra vida, señor, que no me metáis en esas sutilezas que yo no entiendo.

Arzobispo: Soy contento; y pues así lo queréis, yo os hablaré más a las claras. Este Mandamiento ya veis que fue dado a los judíos para que guardasen el sábado, los cuales solamente lo entendían literalmente y pensaban que en no trabajar aquel día lo cumplían.

Eusebio: Cuanto que en eso yo os prometo que poca ventaja les llevan muchos de nuestros cristianos.

Arzobispo: Bien lo veo, y aun lo siento en el alma. Verdad es que también les eran vedadas aquellas obras exteriores, las cuales, aunque son buenas, son, empero, figuradas por ellas las obras del pecado. De esta manera es menester que los cristianos principalmente, lo entendamos; conviene a saber: que nos manda Dios que en los días de fiesta principalmente, estemos limpios de pecado, porque esto es propiamente santificar las fiestas: hacernos santos en ellas.

Cuán mal se guardó esto entre los cristianos, no hay necesidad de decirlo; pero creedme, que cuando veo los días de fiesta algunos corrillos de murmuradores, a los cuales llama con razón David cátedra pestilente y otros de jugadores, unos en las plazas, otros en las barbacanas, me enciendo en una tal ira, que querría dar voces de lástima. Cómo, ¿y no sería mucho mejor que todos aquéllos entendiesen en trabajar en sus haciendas, que no en ofender a Dios? No sé qué os diga, sino que veo que son ya venidas las costumbres de los cristianos a tanta miseria, y son caídas en tanta ceguedad, que con lo que pensamos guardar las fiestas las quebrantamos, y en los mismos días que nos manda Dios que nos hagamos santos y nos demos todos y del todo a El, en aquellos mismos nos hacemos infernales y nos damos todos y del todo a Satanás.

Eusebio: Pues que tan mal os parece eso, ¿por qué, pues, sois prelado, no lo remediáis?

Arzobispo: Queréis que os diga: estas cosas tienen necesidad de remedio general, y lo que yo siento es el poco cuidado que hay en poner este remedio; y si en mí estuviese, yo os doy mi palabra que ello se remediaría muy presto; si no, vedlo en que ya en mi Arzobispado se empieza a remediar, y si vivo, yo haré de manera que las cosas anden de otro norte que andan.

Pero, dejando esto aparte, digo yo que el buen cristiano ha de pensar que todos los días son fiestas, y que en todos ha de cumplir este precepto y se ha de santificar; quiero decir, mejorar en su manera y arte de vivir hasta que alcance entera perfección, aunque principalmente en los domingos y fiestas. Pero habéis de saber que todos los Mandamientos, para que se puedan guardar de tal manera que por ellos se alcance vida eterna, requieren que el que los guarda esté fuera de pecado mortal y tenga caridad, que es amor perfecto de Dios; porque donde no hay esto, aunque se cumplan exteriormente los Mandamientos, no se cumplen a la intención para que fueron instituidos, pues para tener esta caridad es menester que la pidamos a Dios. Y así es mi tema: que el que quisiere guardar los Mandamientos como debe, no ha de tomar otro medio más principal que la oración, y hará más que por otra vía ninguna.

Aquí fuera razón que dijéramos de los ejercicios en que el cristiano debe gastar estos tales días, y de cómo ha de oír su misa y su sermón, y así otras cositas; pero se quedarán para otro día.

Eusebio: Muy bien decís, pero maravíllome cómo os pasasteis tan ligeramente por el juicio del vulgo en esto de las fiestas, que creen las guarda el que no cava ni cose, aunque en todo el día no haga sino jugar y entender en otras cosas tales y aún peores.

Arzobispo: Pues eso es tan común y aún más que vulgar, que no hay para qué hablar en ello más de lo dicho.

Antronio: Os quiero contar una cosa donosa que hace a este propósito, que aconteció en mi tierra, siendo yo muchacho, que en oíros lo que decís se me ha venido a la memoria. Habéis de saber, que un día de la transfiguración apedreó muy fieramente; y aconteció que en aquel mismo día un labrador, hombre de buena simplicidad, sembró unos nabos; y unos vecinos suyos que lo vieron, dijéronlo a otro, y así de poco en poco se supo en la ciudad; y todos averiguaron que la causa de la piedra había sido porque aquel labrador con el sembrar de sus nabos, quebrantó la fiesta; juntáronse los de su cabildo y sentenciáronle en que pagase cierta cera y misas, y les diese en su cofradía una comida a todos, que le costó al pobre hombre harto dinero.

Arzobispo: Donoso cuento es éste. Por cierto esa fue propiamente sentencia de cofradía; veis ahí, habría en la ciudad muchos que gastarían aquel día en jugar a naipes y a dados y en andar con mujeres, y mintiendo, murmurando, trafagando y haciendo otras cosas semejantes, y no les achacaban la piedra, y la achacaban al pobre labrador. ¡Oh, bendito sea Dios que tanta paciencia tiene para consentir tantos males y tanta ceguedad! Dígoos de verdad que cuando en esto pienso se me rompe el corazón. No digo yo que no hizo mal el labrador; pero quéjome del poco respeto que se tiene a los Mandamientos de Dios, y quéjome del falso juicio y engañoso con que juzgamos estas cosas.

Eusebio: Ahora bien. Dejemos esto y vamos al cuarto Mandamiento, que es:

Honrarás a tu padre y a tu madre. De este mandamiento, porque se hace tarde, bastará que en breves palabras nos digáis lo que nos conviene saber.

Arzobispo: Soy contento. Habéis de saber que este mandamiento se ha de entender espiritual y literalmente. La espiritual honra que se ha de dar a los padres, es darles el corazón y una voluntaria obediencia y un digno acatamiento, teniendo de ellos muy buena opinión. Literalmente se entiende, honrándolos con ceremonias exteriores y dándoles lo que han menester, si les falta, y proveyéndoles largamente en sus necesidades; y digo que si no lo tienen, son obligados a buscarlo con puro trabajo, y así os encomiendo lo encarguéis a todos.

Pero mirad que también conviene que los padres hagan lo que son obligados con sus hijos, y lo principal es instruirlos en la fe y en buenas y santas costumbres, y a mostrarles que sepan temer a Dios y no a los hombres, y que no sean pusilánimes; de manera que no piensen que temen y acatan a sus padres, como a hombres solamente, sino que temen y acatan a Dios en ellos; y así sepan que si ofenden a sus padres, ofenden no sólo a ellos, sino a Dios.

También pertenece a este mandamiento enseñar en qué manera las mujeres deben ser sujetas a sus maridos, y esta sujeción de qué manera debe ser; lo cual enseña bien el apóstol trayendo en una epístola suya un ejemplo de Sara.

Asimismo pertenece a este mandamiento enseñar cómo los maridos se deben haber con sus mujeres, lo cual muy bien enseña San Pedro. Además de esto, se debe enseñar en qué manera los criados deben obedecer a sus señores, porque también pertenece a este mandamiento; pues, según cuenta la Sagrada Escritura, a Naamán llamaban sus criados padre; así que los criados deben honrar a sus señores, como antes dije de los hijos, con honra exterior e interior; y esto es lo que San Pedro quiere. Conviene también que los señores sean avisados, que no sean tiranos con sus criados, sino que se acuerden que los unos y los otros tienen un padre y señor celestial, y así los traten, no como a esclavos, sino como a hermanos. Por este mandamiento también debéis decir que son obligados todos a obedecer, acatar y honrar a los prelados y a los sacerdotes, a los príncipes, a las personas que administran la justicia, pues son constituidos por Dios.

En fin, les debéis decir, que deben acatar y honrar los niños y grandes a sus maestros y a sus mayores, así en edad, como en dignidad; pues aun la naturaleza nos enseña esto, cuando naturalmente llamamos a un viejo, padre o tío, y a una vieja, madre o tía. Tienen este mandamiento los judíos, así como los otros, por mil partes corrompido y depravado; y así daban a entender a los hijos que lo que habían de dar a sus padres, valía más ofrecerlo al templo; para lo cual no les faltaban palabras con que encubrir su ruindad.

Antronio: Por mi vida que habéis hablado muy a mi propósito; pues en ese caso también he pecado yo mi parte.

Arzobispo: Pluguiese a Dios que fueseis vos sólo, pero, mal pecado, enfermedad es a muchos común. Nuestro señor, por su infinita bondad, la remedie, pues no basta otro ninguno. Lo que vos particularmente debéis aconsejar a vuestros niños acerca de esto, es que con sus haciendas ayuden cuanto pudieren primeramente a sus padres, si tuvieren necesidad; después, a sus parientes, y después, a las personas necesitadas; y que de éstos deben elegir aquellos que vieren más cristianos, porque así lo aconseja el Apóstol. En fin, que socorran a sus prójimos cuando los vieren en necesidad. Y por concluir con este mandamiento, digo que la primera honra la debemos a Dios, como a padre de quien tantos bienes recibirnos; luego a nuestros propios padres; luego a las personas constituidas en dignidad y que tienen jurisdicción, así a las eclesiásticas como a las seglares; luego a las personas ancianas y viejas; y esto porque se guarde enteramente la paz y concordia cristiana. Y baste esto para este mandamiento.

Eusebio: Baste, pues os parece que basta. Y decidnos del quinto, el cual es, No matarás.

Arzobispo: Antes que pasemos adelante, os quiero mostrar el maravilloso orden que llevan estos mandamientos. Habéis de notar que los cuatro pasados parece que se enderezan a Dios y a sus vicarios, que son los padres de cada uno; los seis que siguen se enderezan al prójimo, y en éstos quiero que notéis un maravilloso orden, y es que empiezan desde lo que es más arduo, hasta lo que es más bajo; porque gran daño es matar a un hombre, y luego, junto a éste, tener acceso a una mujer; luego el hurtar; y porque el que no puede en éstos dañar con obra, con la lengua, si quiere, daña, se sigue el falso testimonio. Y porque los que aún en éstos no pecan, siquiera con el corazón desean lo que no pueden traer a efecto, por eso se siguen los otros dos.

Este mandamiento, así como los demás, los corrompían los fariseos; y así decían que no pecaba contra él sino el que por sus manos propias mataba alguno; y por esto, y otras cosas semejantes, dijo Jesucristo: «Si vuestra justicia no fuere mayor que la de los fariseos, y letrados, no entraréis en el reino de Dios». La causa era, porque entendían la ley a la letra y no según la intención de Dios que dio la ley; y por esta causa, queriendo Jesucristo, nuestro señor, según cuenta San Mateo, declarar este mandamiento, dice: «ya oisteis que fue dicho a los antiguos, no matarás; yo empero os digo a vosotros, que el que se aíra o enoja contra su hermano...». Donde parece clarísimamente que por este mandamiento somos obligados a no tener ira alguna, ni rencor contra nuestros prójimos, ni decirles detrás ni delante cosa que les pueda dañar.

Antronio: Luego, a esa cuenta, los que tienen por gentileza y aun por oficio, andar continuamente mofando y burlando, bien tendrán en qué entender.

Arzobispo: Y aún de eso me duelo yo, que veo a cada paso muchos de esos que decís, los cuales con traer unas cuentas colgando de su puñalejo, y un librillo de rezar en la manga, y oír cada día misa, piensan y tienen por cierto que si se asentasen a cuenta con Dios, le alcanzarían de cuenta.

Eusebio: Eso no hay más que pedir. Yo os prometo que confieso yo hartos de ellos, en quien veo que es verdad lo que decís; y que si las cuentas son benditas, y, si además de eso traen no sé qué habitillo de trinidad, entonces, a buena fe, que a su parecer pueden ellos en su justicia salvar las almas de sus compañeros, cuanto más las suyas.

Arzobispo: Porque para hablar en esto había yo menester más paciencia de la que suelo tener, y aquí es demasiado, es bien dejarlo y tornar a nuestro propósito.

Habéis de saber que este mandamiento es tan profundo, que ninguno lo puede enteramente cumplir sin gracia; porque, a la verdad, si cada uno se escudriña bien, habrá pocos que no cojean de este pie; de manera que el que quisiere cumplir este mandamiento, trabaje en cuanto le fuere posible de amar con entrañable amor a todos, o, por mejor decir, ruegue a Dios que le dé gracia para que alcance este amor. Y mire que no presuma de decir que no quiere mal a nadie, porque sin duda el hombre que en este mandamiento no peca, es harto pacífico y humilde; porque aquella ira espiritual que aquí se veda es tan profunda, que puesto caso que ni por palabra, ni por señal se muestre de fuera, vive muchas veces ésta muy arraigada, allá en lo más interior.

Antronio: Pues, dad acá, decidnos, ¿cómo conoceré yo si tengo odio contra mi prójimo o no?

Arzobispo: Yo os lo diré. Cuando conociereis en vos que tenéis vuestro espíritu tan apaciguado y amortiguado, que puesto caso que os quitasen todo cuanto tenéis, y la vida con ello, no tuviereis odio contra el que os lo quitase; haced cuenta que estáis libre de este pecado.

Antronio: Cómo, ¿que tan puro es menester que sea el hombre que ni aun rencor no ha de tener por los males que le hacen?

Arzobispo: Digo que tan puro, porque ninguna cosa inmunda ha de entrar en el reino de los cielos. Pues oíd más, que no solamente conviene que en tal caso el hombre cristiano no se mueva a ira, sino es menester que diga bien de los que dicen mal de él; y que haga bien a los que le persiguen, y ruegue por ellos; y en fin, que de la misma manera dé gracias a Dios en las adversidades que en las prosperidades; de manera que todo piense le viene por sus pecados, y así aborrezca el pecado y no la pena que por él le dan.

Antronio: No sé qué me diga, sino que creería yo que eso solamente es para los perfectos.

Arzobispo: Así es la verdad; que para alcanzar esto que digo, menester es que seamos perfectos; pero es razón que todos lo sepan, porque el que se hallare falto de ello conozca que no es perfecto; y que no siéndolo, no guarda enteramente este mandamiento, y así trabaje con continua oración a Dios, para que de imperfecto lo haga perfecto, pues todo cristiano debe tener ojo a esta perfección. Y porque concluyamos este mandamiento, digo que habéis de mirar que, entendido de lo que es menos pecado y más interior, se entiende de lo que es más manifiesto y exterior; y por eso no he hablado de lo que, o en dicho, o en hecho, o en consejo, son causantes de la muerte de alguno.

Eusebio: Así lo entendemos. Lo que habéis dicho basta. Y pues queda ya éste declarado, digamos del sexto mandamiento, que es:

No cometerás adulterio; y de éste quiero que digáis poco; porque sé que habláis de mala gana de él por vuestra honestidad.

Arzobispo: Sí, hago en verdad; pero yo hablaré teniendo este presupuesto, que sabéis todas las maneras cómo este mandamiento se quebranta con pecados carnales.

Eusebio: Decís muy bien.

Arzobispo: Pues sabed que, porque también los fariseos tenían pervertida la inteligencia de este mandamiento, quiso Jesucristo, según cuenta San Mateo, declararlo; y dijo que cualquiera que mirare la mujer para codiciarla, ya ha cometido con ella adulterio en su corazón; de manera que, según estas palabras de Jesucristo, podemos nosotros poner cuatro maneras de pecar en este mandamiento, conviene a saber: con el deseo, con señal, con palabra y con obra. Estas no será menester especificarlas aquí, pues sé que hablo con quien lo entiende.

Hay otra manera de adulterio, que así como menos se siente, así es más peligrosa; ésta es, cuando el alma del cristiano que solamente debe amar a Dios, y poner en él todo su pensamiento y afición, se ama a sí, o a cualquier otra cosa que sea, fuera de Dios. ¡Oh, cuán grandísimo es este adulterio, y cuán grande injuria y afrenta hace el alma del cristiano a Dios, que habiéndose de emplear toda y del todo en él, se emplea en buscar al mundo, quiero decir, en buscar honras, riquezas, señoríos, estimaciones, favores, privanzas y otras cosas semejantes. A la fe, para guardar enteramente este mandamiento es menester velar a Dios en oración de noche y de día.

Eusebio: Digo que tenéis mucha razón y que habéis hablado en esto muy a mi placer.

Antronio: De mí os sé decir que se me antoja que voy ya cayendo en la cuenta que hasta ahora no había sabido qué cosa es cristiandad. Bendito sea Dios que ya me lo ha manifestado.

Eusebio: Está bien; y yo os prometo que vos lo digáis aún más de veras cuando caigáis más en la cuenta.

Y dejando esto, el séptimo mandamiento es: No hurtarás.

Arzobispo: Así es verdad; y lo habéis de entender de dos maneras. La primera a la letra, y así, diremos que es aquí prohibido el hurtar. De esta manera sola lo entendían los judíos; y así, el que no hurtaba se tenía por santo. La segunda manera es espiritualmente, y según la principal intención de Dios que nos lo dio; así que de tal manera es aquí prohibida toda codicia que reina en el corazón, que es imposible que lo cumpla sino el que fuere pobre de espíritu.

Eusebio: ¿A quién, veamos, llamáis pobre de espíritu?

Arzobispo: Al que ninguna cosa quiere, ni desea más de lo que tiene, y aun de lo que tiene ha quitado tan del todo su afición, que aunque se lo quitasen, no recibiría pena.

Antronio: Luego, según eso, ¿también nos mandan en este mandamiento que no tengamos codicia?

Arzobispo: En eso no dudéis que para cumplirle menester es que mortifiquemos aquella bestia insaciable de la avaricia, la cual dice el apóstol que es raíz de todo mal; y también dice que el avariento es idólatra. A más de esto, quebrantamos este mandamiento hurtando a Dios lo que es suyo. Esto es, cuando el acatamiento, el amor y el temor que le habíamos de dar a él —pues es suyo propio— lo damos a las criaturas. Y sí también nos pusiésemos a desenvolver y escudriñar si el hombre paga lo que debe a su alma; y si pagan los hijos lo que deben a sus padres; o los padres a sus hijos; y los criados a sus señores; y los señores a sus criados, sería para nunca acabar. Pues que si entrásemos entre nosotros los eclesiásticos, yo os prometo que hallásemos maravillas; pero mi tema, como os he dicho, es, que así este mandamiento, como todos los demás, guarda solamente el varón espiritual.

Antronio: Por vuestra vida que me digáis quién llamáis varón espiritual.

¿Decíslo quizá por los frailes o por los clérigos?

Arzobispo: Muy engañado estáis, que por los unos ni por los otros; ¿sabéis, padre, quién es varón espiritual? El que gusta y siente las cosas espirituales y en ellas se deleita y descansa; y de las corporales y exteriores ningún caso hace, antes las menosprecia como cosas inferiores a él; y en fin, el que tiene puesto en Dios todo su amor y lo vivifica, y conserva la gracia del Espíritu Santo, ora sea mancebo, casado, clérigo o fraile.

Antronio: ¿Queréis, señor, que os diga? Muy demasiadamente estrecha es esta vuestra religión, cuanto que de esa manera muy pocos guardan los mandamientos de Dios.

Arzobispo: Que sean pocos los que los guardan yo os lo confieso; pero también os confieso que de los que no los guardan son perdonados aquellos que conocen su falta y se humillan delante de Dios y procuran guardarlos lo mejor que pueden; y se confiesan y hacen penitencia de las faltas en que han caído, y esperan alcanzar perdón mediante la sangre de Jesucristo.

Eusebio: Lo dicho basta para la declaración de este mandamiento. Decidnos ahora lo que entendéis del octavo mandamiento, el cual es: No a aras contra tu prójimo falso testimonio.

Arzobispo: En este mandamiento nos manda Dios que no ofendamos a nuestros prójimos, dañándoles o en la fama o en la honra. Contra éste pecan infinitas maneras de gentes: los murmuradores, maldicientes, mentirosos, engañadores, y pecan también los maestros que enseñan a sus discípulos cosas falsas, y los predicadores que no dan al pueblo la doctrina como la sienten y la deben sentir, sino como a ellos mejor les está; porque todos éstos es menester que, para traer las cosas a sus intenciones, levanten mil falsos testimonios. Entre éstos, sin ninguna duda, tienen mayor culpa los predicadores que por traer la Escritura Sagrada a que diga lo que ellos quieren, la tuercen y corrompen, haciéndole que diga lo que no quiere; y también los que, por mover el pueblo a unas devociones, no sé qué tales, les predican en púlpitos y fuera de ellos, no sé qué milagros falsos, y les cuentan cuentos y cosas falsas y mentirosas; y todo teniendo respeto a sus intereses malditos y diabólicos, de los cuales dice el apóstol que su dios es el vientre. Pero porque éstos y otros semejantes a ellos son personas que todas y del todo se han dedicado a servir al mundo, y su ejercicio no es otro sino complacer a sus apetitos carnales; y de cristianos solamente tienen el nombre, no quiero que gastemos nuestro tiempo en hablar de ellos, ni menos que tengamos cuenta con ellos más que para rogar a Dios los saque de sus ruines y viciosos tratos, y les dé ánimos obedientes a su santísima voluntad. Deseo yo que todos los prelados fuésemos tales que conociésemos muy bien la maldad de éstos, y conocida, los castigásemos largamente para que siquiera de necesidad hiciesen virtud.

Eusebio: En todo tenéis mucha razón; yo espero en Dios que, por vuestra parte, lo remediaréis. Ahora decidnos del noveno mandamiento, que es: No codiciarás la mujer de tu prójimo.

Arzobispo: Este, si se os acuerda, declaramos en el sexto mandamiento. Porque lo mismo que acullá dijimos que había dicho Jesucristo declarando aquél, suena éste.

Eusebio: Así es verdad, pero todavía decidnos algo.

Arzobispo: No sé qué deciros, sino que nos quiere Dios tan del todo limpios de todo pecado, y tan puros en lo exterior y en lo interior, que no se contenta con decir en el sexto mandamiento que no cometamos adulterio, sino nos añadió éste para que quitemos y desarraiguemos muy de raíz las raíces de donde el adulterio nace, que es la concupiscencia; porque así como vemos que para que un mal árbol que una vez cortamos no torne a nacer, es menester que le saquemos todas las raíces que tiene, así también es menester, si no queremos que el árbol del adulterio, después de una vez cortado, torne a nacer que e arranquemos las raíces de donde nace, que son los deseos dañados de pecar.

Eusebio: Eso está tan bien dicho como todo lo demás. Pero vamos adelante, y díganos del último mandamiento, que es: No codiciarás la hacienda de tu prójimo.

Arzobispo: También declaramos largamente este mandamiento cuando, en el séptimo, hablamos de la codicia, de la cual dijimos que San Pablo dice que es raíz de todo mal, y que los que quieren enriquecerse caen en tentaciones y en lazos del demonio. Además pues de todo lo que hemos dicho, quiero daros un buen y sutil aviso para que entendáis en breve todo lo dicho; y es que en las negaciones de estos mandamientos se concluyen afirmaciones, las cuales los declaran de esta manera.

El primero, que dice: No tendrás dioses ajenos, por su afirmación se declara diciendo: adorarás a un solo Dios y a El solo amarás.

El segundo, que dice: No tomarás el nombre de tu Dios en vano, por su afirmación asimismo se declara diciendo: tomarás el nombre de tu Dios con mucho acatamiento, y con temor le invocarás y le glorificarás, y le bendecirás con conocimiento de tu bajeza y poquedad, y jurarás su nombre solamente cuando se ofreciere necesidad.

El tercero, que es: santificarás las fiestas, quiere decir: no harás en ellas obra servil, sino cesarás de todo trabajo corporal y espiritual. El trabajo espiritual es el ofender a Dios, porque en ninguna cosa trabaja más el alma que cuando se ve apartada de Dios.

El cuarto, que es: Honrarás a tu padre y a tu madre, bien claro está, y es también afirmativo.

El quinto, que es: No matarás, se declara asimismo diciendo: sé pacífico y manso de corazón, paciente, sosegado y quieto; y haz con tus prójimos lo que querrías que hiciesen contigo.

El sexto, que es: No cometerás adulterio, también se declara por su afirmación, diciendo: sé casto, continente, templado, sobrio y modesto; y esto de íntimo y alegre corazón.

El séptimo, que es: No hurtarás, de la misma manera se declara, diciendo: sé pobre de espíritu, conténtate con lo que tienes y sé modesto.

El octavo, que es: No levantarás falso testimonio, declara su afirmación, diciendo: tendrás muy de corazón con tu prójimo amistad, excusándolo, defendiéndolo, y, en fin, haciendo con él lo que querrías que hiciese contigo.

El noveno y el décimo, que son: No desearás la mujer de tu prójimo, ni su hacienda, asimismo, por lo dicho, está claro que los declaran sus afirmaciones, diciendo: favoreced muy de corazón a vuestros prójimos y deseadles todo bien, y ningún mal les hagáis. De manera que de lo dicho podemos muy bien colegir que los diez mandamientos están muy bien declarados por Jesucristo, Dios y señor nuestro, y por sus Apóstoles, adonde enseñan que tengamos fe, esperanza, caridad, obediencia, reverencia, humildad, mansedumbre, paz, paciencia, modestia, castidad, pobreza, bondad, benignidad y, en fin, que nos amemos unos a otros. Para alcanzar todo esto, sin lo cual no se puede cumplir la ley de Dios, es menester especial gracia de Dios, porque, sin su favor, ninguna cosa podemos hacer que sea verdaderamente buena, y por esto dice San Pablo que la ley es espiritual, porque para cumplirla es menester espíritu, o por mejor decir, no la puede cumplir sino el varón espiritual.

Eusebio: Dos cosas necesarias restan que nos digáis acerca de estos mandamientos, las cuales ha muchos días que yo deseo saber: la una es, ¿qué es la causa por que nos dio Dios mandamientos que con solas nuestras fuerzas humanas no los pudiésemos cumplir, como vos habéis dicho?; y la otra es, ¿por qué entre estos diez mandamientos no se pone a la letra el del amor de Dios y del prójimo, pues vemos que en el Testamento Nuevo muchas veces se ponen por primero y segundo.

Arzobispo: De lo uno y de lo otro os diré yo de muy buena voluntad lo que supiere. Cuanto a lo primero, habéis de saber que dice San Pablo que la ley se dio para que mostrase el pecado; quiere decir, para que nos mostrase cómo en muchas cosas cada día pecamos; porque del pecado de nuestro primer padre cobramos esta mala inclinación de ser aparejados para mal. Esta mala inclinación no la conocimos hasta que vino la ley, la cual nos la mostró; y nos mostró asimismo el bien; pero no era bastante para darnos fuerzas para obrar; solamente ganábamos con ella que nos daba a conocer nuestra miseria, poquedad y mala inclinación, para que con este conocimiento nos humillásemos delante de Dios, y nos conociésemos por pecadores; y así dice San Pablo que no conociera la concupiscencia si no le dijera la ley: No codiciarás. Veis aquí el oficio de la ley. Después, venido Jesucristo, nos da el espíritu con que obremos aquello que la ley nos muestra que es bueno; y de aquí nos viene que conocemos que, lo que por nuestras fuerzas e industria no podíamos hacer, mediante el favor de Jesucristo lo podamos cumplir; y así conocemos por experiencia cómo nosotros, por nuestra propia naturaleza, no podemos hacer cosa perfectamente buena; y que por el favor de Jesucristo podamos hacer y cumplir todo lo que conocemos ser bueno; y así, desconfiando totalmente de nuestras propias fuerzas, aprendemos a confiar enteramente en el favor y gracia divinas; en cuyas manos, con este tal conocimiento, holgamos de muy buena gana poner todas nuestras cosas, cierto que no nos faltará. Esto fue menester que se hiciese así para que el hombre se humillase delante de Dios y, humillándose, alcance la gloria eterna, la cual, como antes os dije, quiso Dios que ganásemos con humildad, pues por soberbia la habían los malos ángeles perdido. Veis aquí, qué es lo que yo siento de vuestra primera pregunta, y aun si queréis mirar en ello, de lo dicho podéis colegir la diferencia que hay entre la ley y el Evangelio.

Eusebio: Está muy bien; yo quedo harto satisfecho de lo primero. Ahora respondemos a lo segundo.

Arzobispo: En verdad, yo no tengo cosa muy averiguada que deciros en este caso; aunque sé bien que, según cuenta San Mateo, un doctor de la ley preguntó a Jesucristo diciendo: «¿cuál es el mayor mandamiento en la ley?»; y que El respondió: «Amarás a tu señor, Dios, de todo tu corazón y con toda tu alma y con toda tu voluntad», y éste es el primero y mayor mandamiento en la ley; pero el segundo semejante es a éste: «Amarás a tu prójimo como a ti mismo». Y añade luego: «de estos dos mandamientos pende toda la ley y los profetas». De estas palabras podemos colegir dos cosas: La primera, que en cuanto llama a estos mandamientos primero y segundo, podemos decir que no entiende en orden ni en número, pues en el número de los diez no los hallamos expresos, sino que entiende en dignidad; la segunda que, pues añade que de estos dos mandamientos pende todo, la ley y los profetas, que también los diez mandamientos que hemos dicho se encierran en ellos, como en la verdad se encierran.

Eusebio: ¿De qué manera?

Arzobispo: Yo os lo diré. Los tres primeros mandamientos, que se refieren a Dios, se incluyen en el amor de Dios, porque claro está que el que amare a Dios, a él solo adorará, y no tomará su nombre sino para glorificarlo y alabarlo, y que asimismo santificará las fiestas. Estos tres son los que llaman de la primera tabla; los otros siete, que llaman de la segunda tabla, se encierran en el amor del prójimo; porque cosa clara es que el que amare a su prójimo, ni hurtará, ni matará, ni hará; en fin, cosa ninguna de las que allí manda Dios, que no se hagan. De manera que bien dice San Pablo: que el que ama cumple la ley; y en otra parte, que el cumplimiento de la ley es el amor.

Eusebio: Verdaderamente, señor, vuestro saber y juicio es extremado sobre cuanto yo he visto y comunicado.

Antronio: Vos decís muy gran verdad; pero para mi propósito resta que en dos palabras nos declare su señoría, si manda, estos dos mandamientos.

Arzobispo: En mi verdad, yo no sé qué más declaración queréis de lo que hemos dicho, así en el primer artículo del Credo, como en el primer mandamiento, si empero se os acuerda.

Antronio: Sí, acuerda y muy bien; pero bien sé yo que todavía nos diréis algo de bueno.

Arzobispo: Pues vuestro celo es bueno, es menester que os obedezca y cumpla con lo que queréis.

Habéis de saber que el corazón humano no puede dejar de amar alguna cosa, y en esto no hay medio, sino que ha de amar a sí mismo, y por su provecho e interés todas las cosas; o ha de amar a Dios, y en Dios y para gloria de Dios, todas las cosas. Pues conociendo Dios que si el hombre se ama a sí mismo con este amor desordenado, jamás podrá hacer cosa que sea buena delante de su acatamiento; y que ni puede estar sujeto a la ley, ni puede dejar de seguir sus apetitos irracionales, porque su amor propio lo ciega; mándanos, deseando nuestra salvación, que le amemos a él sobre todas las cosas, porque, como él es sumamente bueno, amándole a él sobre todas las cosas, amamos todo lo que es bueno y aborrecemos todo lo que es malo. Y así, movidos con el amor que le tenemos, nos holgamos de cumplir su ley, muy de buena gana y alegremente, y así experimentamos ser muy gran verdad lo que dijo Jesucristo, nuestro señor: que su yugo es apacible y su carga liviana; lo cual todo experimentan al contrario los que se aman a sí mismos, porque todo se les hace duro y pesado. De manera que, cuando vos oyereis a alguno decir que se le hace cosa recia cumplir la ley de Dios, y que la doctrina de Jesucristo es terrible de sufrir, aunque por otra parte le veáis hacer milagros; creedme que le falta este amor. Esta misma experiencia debéis de hacer en vos mismo cada día, y siempre hallaréis, por muy bueno que a vuestro parecer seáis, que os falta algo, y aun mucho; y cuando os pareciere que no os falta nada, tened por cierto que os falta todo. También podemos probar cuánta parte tenemos en este amor, de esta manera: tomad cuenta a nuestros ánimos, si están muy de veras determinados a perder hacienda, honra y fama, y a morir mil muertes antes que consentir en un pecado mortal; y si viéremos que están firmes de todas partes en este propósito, buena esperanza hay que habéis alcanzado parte de este amor. Pero no creáis que lo tenéis hasta que por suma experiencia lo probéis. Empero si no halláremos nuestros ánimos con esta firme determinación que digo, podemos tener por cierto que somos amadores de nosotros mismos y no de Dios; y entonces debemos con ánimo varonil arrimarnos a Jesucristo y pedirle con grandísima eficacia su gracia y favor divinos, para que cobremos esto que conocemos nos falta; y si nosotros tuviéramos buena esperanza que nos lo dará, sin duda ninguna no nos faltará.

Antronio: Ahora, decid vos lo que quisiereis; que es cosa muy recia de guardar este mandamiento.

Arzobispo: Mirad, padre cura, cuán engañado estáis; que os certifico que os puedo con verdad decir esto, que me parece a mí que debo mucho más a Dios, porque me mandó que de esta manera que hemos dicho le amase, que no El a mí porque le ame; y más os digo, que todas las veces que me acuerdo de este mandamiento, me aficiono nuevamente y de nueva manera a Dios; y aun no sé si os diga que se me antoja que debo más a Dios, por el favor que en mandarme que le ame, me muestra, que porque me crió e hizo hombre y no animal bruto. Pues, por concluir digo que para guardar este mandamiento es menester que, no solamente el hombre no se ame a sí mismo sino que se aborrezca a sí y a sus cosas, sus placeres y deleites, y que en todo mortifique sus humanos deseos; y el que esto no tuviere, sepa que no guarda este mandamiento.

Antronio: Por mi fe que me habéis espantado con esto que ahora acabáis de decir vos, más que con cuanto aquí habéis dicho. Bien parece que habláis como experimentado y como letrado, de manera que ninguna cosa os falta; y pues así es, decidnos algo del amor al prójimo.

Arzobispo: No sé, en verdad, qué otra cosa os diga, sino que en este mandamiento también, como en el pasado, contempla mi alma la suma bondad y benignidad de Dios en dos maneras: la una, cuando veo que me manda que haga aquello que naturalmente estoy obligado a hacer; y paréceme a mí que me lo manda, para que, si lo cumpliere, tenga causa de darme por ello la gloria que tiene aparejada sólo para los que en esta vida le fueren obedientes.

¿Paréceos que hay liberalidad o magnificencia que con ésta se igualen? La otra manera es cuando veo que Dios me puso acá en quien mostrase el amor que le tuviese, mandándome que amase a mi prójimo, por el cual mandamiento me obliga a que jamás piense, diga, ni haga cosa que sea en perjuicio de mi prójimo; y a más de esto, a que siempre, en cuanto me fuere posible, le haga bien, y le allegue su provecho, y le aparte su daño; y aún a que, muchas veces, posponga mi interés particular por el bien de mi prójimo.

Todas estas cosas, así como os las digo, debéis decir y dar a sentir a todos los que enseñareis de cualquier condición que sean; porque así de la misma manera tengo yo ordenado se haga en mi arzobispado, lo cual, si a Dios pluguiere, se hará muy presto. Y si alguno os preguntare, diciendo: ¿quién es mi prójimo? le diréis que cualquier hombre, ora sea cristiano, ora no. Verdad es que estamos más obligados, según lo que enseña San Pablo, a hacer más bien a los que más aman a Dios y vemos que son más obedientes a ÉL.

Antronio: Mucho me maravillo de eso que decís. ¿Cómo, no dice Dios que la caridad bien ordenada empieza en uno mismo?

Arzobispo: Así lo he oído; pero no sé que lo diga Dios, sino que los hombres que son amadores de sí mismos se lo levantan; y aunque podría tener buen sentido, no quieren ellos sino darle el peor que pueden. ¿No visteis qué donosa regla? No cierto de caridad, sino de carnalidad; por eso muy engañado estáis, si pensáis que eso es así.

Antronio: Digo que de aquí en adelante no lo pensaré; y yo creo bien que vos me habéis de hacer otro hombre, si mucho habláis conmigo.

Arzobispo: Harálo Jesucristo por su infinita bondad. Pues quede ésta por verdadera conclusión: que estos dos mandamientos son tan conexos y unidos, que es imposible que se guarde el uno sin el otro, porque el que ama a Dios, conoce que la voluntad de Dios es que ame a su prójimo, y como su deseo no sea otro sino agradar a Dios, luego ama a su prójimo, y ni más ni menos cumple toda la ley de Dios. Verdaderamente no sé cómo no tienen empacho unos hombres que, sin mostrar en toda su vida señal de este amor, por no sé qué ceremonias y devociones que ellos se inventan, se tienen por más que cristianos; y lo que más es de notar, y aún de llorar en los tales, es que al que ven que no toma y adora sus frías y vanas devociones, aunque este tal claramente viva conforme a la ley de Dios, no le tienen por cristiano. Esta es, sin duda ninguna, la justicia farisaica, que ensalza sus obras exteriores, y disminuye y tiene en poco las interiores de los otros. Dejadme el cargo, que si Dios me da vida, yo haré en esto cosas de que los ruines se espanten y los buenos se gocen.

Eusebio: Plegue a Dios dárosla, y con ella su gracia, para que hagáis lo que decís; y pues tan altamente nos habéis declarado los mandamientos, es menester que pasemos adelante, para que haya tiempo para todo.

Arzobispo: Decís muy bien; dejemos ya los mandamientos y ved lo que además queréis saber.

Eusebio: Me acuerdo que, al principio, nos dijisteis que, después de los mandamientos, conviene que el cristiano aprenda los tres capítulos de San Mateo, quinto, sexto y séptimo. Decidnos, pues, ahora, qué es la causa porque os parece que se debe obrar así.

Arzobispo: ¡Que me place! El alma que ya está instruida en la fe, como creo que os he dicho, y cree ya lo que de Dios se debe creer, es menester que sepa la voluntad de Dios, para que obre según cree. Parte de ésta se declara en los diez mandamientos, y parte en estos capítulos de San Mateo que digo; y por esta causa me parece que es menester que cualquier cristiano luego los sepa; porque allí enseña Jesucristo en qué consiste la bienaventuranza que en esta vida puede uno alcanzar; y cómo los buenos son los que el mundo persigue y los malos los perseguidores. Y allí nos manda que perdonemos unos a otros las injurias, y que no seamos pleitistas, y que no demos mal por mal, sino bien por mal; y que si nos dieren una bofetada, paremos el otro carrillo para sufrir otra. También dice que si alguno nos quisiere poner a pleito nuestras capas, le dejemos los sayos antes que venir a juicio con él. Y allí manda que demos a quien nos pide, y que prestemos a quien nos demanda prestado, y que amemos a nuestros enemigos. Allí nos enseña cómo hemos de ayunar, y cómo y qué hemos de rezar, y otras cosas de esta calidad. De donde aprendemos a menospreciar estas honras y riquezas, en que el vulgo piensa que está la bienaventuranza; y aprendemos a recibir con paciencia las injurias y denuestos que los hombres nos hacen; y aprendemos a ser humildes, pacíficos y quietos; y aprendemos a no ser hipócritas, y aprendemos, en fin, a no ser avaros, sino liberales y francos con todos. Todas estas cosas es menester que no solamente cualquier cristiano las sepa de coro, sino que muy de veras las encaje en su alma antes que se corrompa con falsas y dañosas opiniones.

Antronio: Vos, señor, ¿no veis que esas cosas no son sino de consejo?

Arzobispo: Eso, mal pecado, dicen los que quieren tener puerta para ser ruines; yo así creo que son consejos, y aun tales que, sin ellos, no se puede guardar perfectamente la paz y tranquilidad cristiana; y pues esto es así, por vuestra vida, que no curéis de decir que esto son consejos, sino, pues veis que importan tanto, enseñadlos a todos, que no les harán mal.

Antronio: Soy contento; pero con condición que vos, señor, me los hagáis dar en romance.

Arzobispo: Eso haré yo de buena voluntad; y aún luego, porque para hacer que en mi arzobispado se enseñen, he hecho que los pongan en romance.

Los Siete pecados capitales

Antronio: A lo menos si a todos los que vienen a negociar con vos los enviáis como a mí, ninguno irá descontento. Y, pues estamos de nuestro espacio, por vuestra vida que nos digáis, de los siete pecados mortales, qué es lo que se debe enseñar.

Arzobispo: Cosa es esa, para deciros verdad, en que no hablo de muy buena gana; porque este escudriñar de pecados, a los ruines sé que aprovecha poco, y a los buenos engendra no sé qué escrúpulos; pero pues tengo de hacer lo que queréis, os diré lo que me pareciere. Vos de allí tomaréis lo que quisiereis.

Eusebio: Primero, decidnos, ¿por qué les pusieron este número de siete?

Arzobispo: Lo que San Juan Crisóstoma dice a eso es, que así como los hijos de Israel pelearon para ganar la tierra de promisión con unos siete reyes, así conviene que el cristiano pelee con estos siete vicios para entrar en su tierra de promisión, que es la bienaventuranza.

Eusebio: Por mi salud que el dicho es conforme a quien lo dijo. Ahora decid lo demás.

Arzobispo: Cuanto a lo primero, habéis de saber que en los diez mandamientos están prohibidos estos siete pecados mortales, como os lo mostraré luego. De manera que, el que guardare los mandamientos, es imposible que tropiece en ninguno de estos pecados de esta manera.

El primer pecado es soberbia, la cual es de dos maneras: exterior, cuando el hombre se ensoberbece por sus bienes corporales, e interior cuando asimismo se ensoberbece por sus bienes espirituales; y por esta causa está prohibida en el primer mandamiento, en el cual, como ya hemos dicho, nos mandan que no tengamos dios ajeno. Quiero decir, que en ninguna cosa confiemos, con ninguna nos deleitemos, agrademos, ni alegremos, sino con sólo Dios. Y la soberbia, ya veis que unas veces hace al hombre que se precie de sus riquezas, de sus fuerzas, de su manera de vestir, de su poderío, de su honra y de su nobleza y generosidad; y también interiormente tiene confianza y se precia de su sabiduría, ciencia e ingenio, justicia, virtud y santidad, de manera que lo que el hombre debía de dar a Dios, lo da a estas cosas. Trae además de esto la soberbia dos cosas consigo: la una que hace el presuntuoso tenerse a sí en mucho, y la otra que le hace menospreciar, aborrecer y tener en poco a los otros; por esta causa encierra también en sí la vanagloria. De manera que el soberbio, cuando conoce en sí alguna virtud, no da gracias a Dios por ella, ni la atribuye a él como sería razón, sino la atribuye a sí mismo, y así se cumple en él lo que dice San Pablo, que, teniéndose por sabios, quedaron por necios y locos. Este pecado lo podéis tener por muy peligroso, y la causa es, porque como no tiene tomo, ni se ve exteriormente, no procuramos desecharlo, porque no lo vemos, ni pensamos que lo tenemos; y de aquí es que a muchos vemos que los acompaña hasta la sepultura; de lo cual nos dan testimonio muchos testamentos que cada día vemos tan llenos de vanidad y soberbia que es grandísima lástima. La verdad es que buena parte de la culpa de esto echo yo a los confesores.

Antronio: Espantado me tenéis con lo que habéis dicho; y pues me descubristeis la llaga, por caridad, os pido que me deis la medicina, diciéndome alguna manera, cómo pueda yo huir de este pecado, y enseñar a otros que también huyan de él; y mirad que habéis de hacer lo mismo en los demás.

Arzobispo: Soy contento. El primero y más eficaz remedio es que muy de veras conozcáis que sois inclinado a él, y que con pena de veros con esta inclinación gimáis continuamente delante de Dios, y le pidáis su gracia con que os enseñoreéis del pecado, y muera la inclinación. Además de esto, os aprovechará mucho si tuviereis siempre ojo a compararos con los que son y valen más que vos, y no con los que son menos; y también os aprovechará pensar más continuamente en vuestras faltas y males, que en vuestras virtudes y bienes.

Eusebio: Por cierto, que si la llaga se descubrió mucho, que la medicina es harto bastante para sanarla; y pues así es, decidnos de la avaricia.

Arzobispo: A la avaricia llama San Pablo raíz de todo mal; porque los que andan por ser ricos caen en los lazos del demonio y en muchos deseos vanos y sin provecho y dañosos. Este pecado está prohibido en dos mandamientos, conviene a saber, en el séptimo y en el último; y aún también, primero; porque al mandarnos que no hurtemos, nos manda que no seamos avarientos; y asimismo al mandarnos que no deseemos la hacienda de nuestros prójimos; y pues del primero no hay qué decir, que claro está que el que es avariento, desea algo fuera de Dios, y así quebranta el primer mandamiento; lo cual aún más evidentemente muestra San Pablo cuando dice que el avariento es esclavo de los ídolos. Tengo yo este pecado por muy dañoso, por la misma razón que el primero; porque como es pecado del alma, no se ve, y no viéndose, no se conoce, y no conociéndose, no procuramos desecharlo.

Y para deciros la verdad, yo no osaría decir que no soy avariento, ni aun aconsejaría a nadie que lo creyese de sí, por muy libre que a su parecer estuviese de avaricia; antes siempre confesaré mi mala inclinación que a ella tengo, y esto me será materia de gemir delante de Dios, y confesar mi miseria; y por otra parte, consolarme con lo que dice Jesucristo, que bienaventurados son los que lloran, porque ellos serán consolados.

Eusebio: Son todas vuestras razones tan cristianas que no hay más que pedir; y pues tan bien sabéis descalabrar y sanar, decid ahora de la lujuria.

Arzobispo: Este pecado, dice San Pablo, que no se nombre entre los cristianos, y con mucha razón, pues es tan torpe y bestial. Este está prohibido, como veis, en el sexto mandamiento, donde nos mandan que no cometamos adulterio, del cual ya, a mi parecer, dijimos bastante.

El remedio para éste es la templanza en el comer y en el beber, y la conversación honesta y casta, y huir de la ociosidad, la cual es madre de todo mal y pecado. Pues de este pecado debéis decir lo menos que pudiereis a los niños, y lo que les dijereis sea de manera que antes lo aborrezcan que lo conozcan.

Antronio: Digo que haré como mandáis, esto y todo lo demás.

Eusebio: Está bien; decidme de la ira.

Arzobispo: Yo os doy mi palabra que, si queremos meter la mano, que hay bien en qué, porque, si yo no me engaño, apenas hay quien de ella se libre; unos más y otros menos.

Dijimos pues de este pecado algo en el quinto mandamiento, diremos ahora otro poco, y después, con la gracia de Dios, daremos armas con que todo cristiano se pueda defender de él.

Pues, para que mejor nos entendamos, digo que la ira habéis de entender que es todo aquello que el hombre piensa, dice, o hace con indignación contra su prójimo, cuando no precede consideración de la caridad cristiana; y es también una mala superfluidad del mal espiritual, la cual, en alguna manera, se podría llamar malicia. Este pecado, como se enseñorea en la más noble parte del hombre, que es el corazón, por maravilla hay quien después de entrado lo pueda desechar. ¿Y lo queréis ver? Hallaréis un hombre pacífico, manso y quieto, tanto que os parece que es imposible que haya en él ira; y si le hacéis alguna cosa que le pese, veréis luego cómo sale y se manifiesta la ira que en el ánimo estaba escondida. Y le acontece como a la cal viva que, si no le echáis agua, se está quieta, pero en echándosela luego hierve; y así como si cuando la cal hierve, le echáis un poco de aceite se mata; así, si a la ira le echáis un poco de caridad cristiana, la mataréis luego.

Pues para que antes que salga la matéis, es menester que seáis diligente a oír; pero negligente a hablar, y no basta eso, sino que os acostumbréis a haceros fuerza a vos mismo, y a vencer vuestros afectos. Lo primero, como dije, debéis ser tardío en hablar cuando estuviereis airado; y lo segundo, que es más perfección, que pongáis en vuestro corazón de no querer, por todo el mundo, airaros; y aun de querer alguna vez experimentar si sois bastante (humildes) para sufrir alguna injuria sin moveros a ira contra el que os la hace. De esta ira habla largamente en muchas partes la Sagrada Escritura, y especialmente Santiago, el cual, asimismo, da remedios para ella; y habla también de otra ira, que es santa y buena. Esta es cuando nos airamos contra el vicio de nuestro prójimo y no contra su persona. También, según enseña el profeta David, es menester para que no pequemos que nos airemos contra nuestros vicios y pecados propios.

Eusebio: Habéis hablado tan a mi propósito como si supierais mi intención; y así creo que haréis en el cuarto pecado mortal, que es gula.

Arzobispo: Este pecado lo pone San Pablo debajo del primer mandamiento, cuando dice que el Dios de los malos es el vientre; en el cual podemos decir que pecan todos los que hacen cuenta que viven para comer, y no que comen para vivir, porque en los tales cuadra muy bien el dicho del apóstol que su dios es el vientre.

Podemos muy bien decir que este pecado está prohibido en el sexto mandamiento; porque el que nos manda que seamos castos, nos manda sin duda que tomemos los medios, de la castidad que son, templanza en el comer, poco dormir, trabajos corporales, oración, lectura, contemplación, estudio, hacer buenas obras al prójimo, padecer frío, calor y pobreza.

Eusebio: Por mi salud que me ha contentado esto en extremo, porque en pocas palabras habéis dicho mucho.

Antronio: Cierto, sí ha; sino que yo quisiera que se declarara más; pero, pues os parece que basta, vengamos al quinto pecado que es envidia.

Arzobispo: Dígoos, en mi verdad, que tengo yo en mi pensamiento a este pecado por el más grave de todos, que me parece que sale de ánimo apocado y bajo. El que peca en éste, va contra todos los diez mandamientos, pues derechamente va contra la caridad en que todos ellos están fundados; pero por las palabras de San Juan vemos claramente que el quinto mandamiento es el que principalmente se quebranta con este pecado, porque él dice que el que aborrece a su hermano, teniéndole envidia, este tal es homicida; y por esto me parece en extremo bien lo que leí una vez en San Agustín, que conviene que resistamos a la ira, porque no se torne en envidia y en enemistad. Debiera él de imaginar que la ira es como un arbolito y la envidia es como un árbol grande, y por esto mandó que cortásemos el arbolito de la ira, porque no se hiciese árbol grande de la envidia.

Eusebio: Está muy bien dicho. Resta ahora que nos digáis algo del último pecado mortal que es pereza.

Arzobispo: Este es el postrimer lazo con que el demonio procura de enlazar el alma. Está prohibido este pecado en el tercer mandamiento, que es santificar las fiestas. Así que ofendemos a Dios en él en dos maneras, corporal y espiritualmente: corporal, dejando de ir a la Iglesia a misa y al sermón; dejando de rezar, de leer, y así de otros ejercicios que son, o pueden ser, santos y buenos; espiritualmente, cuando habiendo empezado a caminar por el camino de la virtud, quiero decir, por el camino de Dios, somos negligentes y nos paramos y estamos tibios y seguros, perdiendo el amor y temor de Dios; y a estos, dice la Escritura, que son malditos, porque hacen las obras de Dios con negligencia. De aquí nacen hipócritas y falsos cristianos; y aún sabéis que veo muchas veces que, con color de bien, engaña muchas veces el demonio muchas personas señaladas en bondad y los hace caer miserablemente en este pecado.

Eusebio: ¿De qué manera?

Arzobispo: Les hace entender que vale mucho la paz y quietud; lo cual ellos no pueden negar; y luego les hace que, por no perder aquello que ya conocen ser bueno, dejen de hacer el bien que podrían a sus prójimos; y así les hace que entierren el talento que Dios les dio para que granjeasen con él a sus prójimos.

Eusebio: La razón es, a mi parecer, harto buena; y creo yo, sin duda ninguna, que esta misma os hizo a vos dejar vuestra quietud y reposo, donde solamente negociabais con Dios y con vuestros libros, y venir a tomar la carga enojosa de este arzobispado.

Arzobispo: De eso Dios sabe la verdad; y placerá a él que yo haga obras por donde la muestre a todos; pero porque concluyamos con este pecado y con los demás, digo que el remedio que yo hallo más eficaz y verdadero, y el que a mi parecer vos, padre cura, principalmente deberíais encomendar a vuestros niños, es que todo cristiano tenga buena y entera voluntad de no querer por cosa ninguna ofender a Dios; y conozca asimismo con esta voluntad cuán peligrosos y sutiles son los lazos del demonio, y cuán inclinado es el ánimo humano al mal. Y cómo, cuando más seguro se piensa que está, entonces tiene más peligro; y en fin, que siempre piense que poco o mucho ofende a Dios en todos estos pecados. Y que con todo este conocimiento, desconfiando totalmente de sus naturales fuerzas, las cuales sin duda no son bastantes para tan gran empresa; debe pedir con mucha instancia el favor y ayuda de Dios, para poder vencer todos estos vicios en general, y particularmente para aquel de que se sintiere más fatigado. Y junto con esto es menester que tenga firme confianza que Dios le dará aquello que le pide.

En fin, aprovecha mucho aborrecer el pecado y amar la virtud, y donde quiera que viéremos el bien, imitarlo en cuanto nos fuere posible, y el mal, huirlo como ponzoña pestilencial; y el que esto tuviere, créame que está cerca del bien y también el que no lo tuviere, sepa que está dentro del mal y de aquí digo yo que no se arrepiente el pecado sino el que muy de veras le aborrece y deja.

Antronio: Por las órdenes que recibí que no os puedo decir otra cosa, sino que para hacer lo que decís, es menester hundirme y hacerme de nuevo. ¡Oh, valgame Dios, en qué ceguedad vivimos y en qué tinieblas, aún los que nos tenemos por luz del mundo y sal de la tierra! Por caridad, señor mío, pues tanta gracia puso nuestro señor en vos, no os canséis de hablar con nosotros; y ahora decidme: ¿por qué no habéis dicho nada de las circunstancias que agravan el pecado?; pues nosotros, en nuestras confesiones, hacemos tanto caso de ellas.

Arzobispo: Mirad, padre cura; lo que yo en todas mis pláticas pretendo es mostraros lo que conviene para que todos seamos verdaderos cristianos legítimos y no fingidos, evangélicos y no ceremoniáticos, espirituales y no supersticiosos, de ánimos generosos y no escrupulosos, y para que pongamos nuestra cristiandad en la sinceridad del ánimo, y no en solas las apariencias exteriores; y en fin, para que conozcamos en qué consiste la libertad evangélica, y a cuánto se extiende. Y para que hagamos nuestra cuenta que si ahora somos niños en Jesucristo, quiero decir, que no tenemos criado del todo a Jesucristo en nuestras almas, es menester trabajar por criarle; y entonces lo tendremos criado, cuando fuéremos varones perfectos; a la cual perfección somos sin duda obligados todos los cristianos, a lo menos, si no a tenerla, cierto a procurarla. Pues, para este efecto, os digo que tengo yo por muy averiguado que daña en alguna manera el demasiado escudriñar de circunstancias, como hacen algunos escrupulosos, porque engendra escrúpulos en las conciencias; y los que éstos tienen, son como las mujercillas a quien reprende San Pablo, que andan siempre aprendiendo y nunca acaban de alcanzar el perfecto conocimiento de la verdad. ¿Queréis que os diga qué es lo que yo hallo que agrava o disminuye principalmente el pecado? El ánimo con que se hace.

Antronio: No entiendo lo que decís, si no me lo declaráis.

Arzobispo: Habéis de saber que, entre otros, hay dos maneras de hombres que comúnmente pecan: unos por flaqueza: éstos son los que, siendo tentados, y no pudiendo fácilmente resistir a la tentación, caen en ella. De éstos fue David cuando pecó con Barsabé y tuvo manera como matase a su marido; y de éstos fue San Pedro, cuando negó a Jesucristo; y en fin, si leéis en un libro que llaman Vitas Patrum hallaréis de esta manera muchos que así como caían en algunos pecados por flaqueza y por la fuerza de la tentación, y no por bellaquería ni malicia; así luego, como caían, y conociendo su pecado y arrepintiéndose de él, se tornaban a levantar.

Hay otros que pecan, no porque son tentados, sino por costumbre bellaca que tienen de pecar, y por malicia; los cuales, así como aman el vicio, así jamás pueden si quisieren salir de él. Estos tales, a mi ver, pecan por falta de fe, porque si tuviesen fe, ella les traería el conocimiento de Dios, y conociéndole, yo os prometo que aborrecerían los vicios que antes amaban.

Así que podemos decir que, así como los primeros pecan por flaqueza y poquedad, así éstos pecan por infidelidad; y de aquí es que veréis unos hombres que se están tan de asiento y reposo en sus pecados, como si por ellos hubiesen de alcanzar alguna bienaventuranza. No quiero decir lo que de las confesiones de los tales siento, pues no tengo aquí ninguno de ellos; pero algún día les daré a entender cuán perdidos andan, y cómo el fruto de su perdición será pena eterna.

Eusebio: Plegue a Dios que lo hagáis como decís, y que hecho, aproveche tanto como todos deseamos; que verdaderamente en esto hay grandísima perdición; y ahora os quiero decir esto: que se me figura que con esta vuestra división de pecadores, entiendo algunos lugares de la Sagrada Escritura, que, a mi ver, sin ella están oscuros.

Arzobispo: Dígoos de verdad, que el que a mí me la dijo, me declaró por ella algunos que yo hasta entonces ni por pensamiento entendía.

Eusebio: Ea, decid alguno.

Arzobispo: Porque no es ahora tiempo, quédese, si os parece, para otro día.

Eusebio: Bien decís. Sea como mandareis, pues el día es grande, y habrá tiempo para todo. Decidnos ahora muy particularmente de las obras de misericordia, así corporales, como espirituales.

Arzobispo: Mirad, hermanos; para el cristiano, que de veras ama a Dios y a su prójimo, sabe que está obligado a socorrerle en todas sus necesidades, de cualquier manera que sea, así como desea que a él le socorran en las suyas. A mi parecer hay muy poca necesidad de señalar estas obras de misericordia; y aún si miramos en ello, tampoco para los demás, pues ninguno es tan sin juicio que no sepa que está obligado a hacer con sus prójimos lo que querría que ellos hiciesen con él.

Eusebio: Pues veamos, ¿por qué se señalaron estas siete cosas?

Arzobispo: Eso preguntadlo vos al que las señaló; pues yo, ni lo sé, ni se me da nada por saberlo.

Las cuatro virtudes cardinales

Eusebio: Por mi salud que tenéis razón, pero, pues no queréis decir esto, decidnos de las virtudes cardinales; y primero decidnos, por qué las nombran así.

Arzobispo: Nómbranlas así, porque con ellas heredamos el nombre de los filósofos gentiles, los cuales las llamaban cardinales, porque a su parecer en ellas, como en quiciales, se gobierna y sustenta la vida humana. Pero sería bien que ya entre los cristianos perdiesen el nombre, pues tenemos otras que son mucho más que ellas, a las cuales llamamos teologales.

Eusebio: Pues ¿cómo querríais que se llamasen?

Arzobispo: Podrían llamarse virtudes morales, pues todas ellas son para instruir humanamente un hombre, y pueden estar en uno que no sea cristiano.

Eusebio: ¿De qué manera?

Arzobispo: De ésta. La prudencia, que consiste en el conocimiento de las cosas, y así llamamos prudente al que habla honesta y templadamente en lo que se le ofrece, y se ejercita en cosas útiles y honestas; y trata a cada uno como conviene. Claro está que es virtud moral, y así la puede tener un gentil.

También la justicia, la cual consiste en igualdad, dando a cada uno lo que es suyo, es, en la verdad, gran color de virtud; y al que la tiene le llamamos, con razón, buen varón; a la cual es muy conjunta la bondad y clemencia. Es también moral y puede estar en uno que no sea cristiano.

A más de esto, la magnanimidad, que es la tercera virtud, a la cual asimismo llaman fortaleza. Consiste en acometer grandes y arduas cosas, y en menospreciar las cosas mundanas, que son inferiores al hombre; y en no entristecerse con las cosas adversas, ni alegrarse demasiado con las prósperas. Es, de la misma manera, moral.

En fin, la templanza que es la última virtud, que consiste en ser uno templado, no solamente en actos ilícitos, sino aun en todos sus afectos, y ser señor de ellos y no siervo, y en ser modesto y sufrido, tanto que de ninguna manera se aparte de lo que viere ser honesto y bueno. Es también moral, como las otras virtudes, las cuales ya vos veis que pueden estar en un hombre, como dije, no cristiano.

Y así como a este tal podrían, sin duda alguna, ser causa de hacerle caer en el vicio de la soberbia, porque no atribuyéndolas ni enderezándolas a Dios, sino a sí mismo, es forzado que se preciaría de ellas; así también, si caen en un ánimo cristiano, contienen en sí gran bien; de manera que, para que ellas sean verdaderas, es menester que las hagamos cristianas y las bauticemos; pues si las bautizamos, ningún inconveniente es que les quitemos el nombre; especialmente pues vemos que injustamente lo poseen. Y cuando vos, padre cura, a vuestros niños y a otros cualesquiera enseñareis estas virtudes, será bien que las apliquéis a la doctrina de Jesucristo, para que cuando sean grandes, y las topen en algún libro de algún filósofo, las sepan entender como cristianos y no como filósofos.

Antronio: Eso haré yo de muy buena gana, aunque no fuese sino porque soy enemigo de estas filosofías y letras profanas; pero es menester que vos me digáis cómo lo tengo de hacer.

Arzobispo: Cómo, padre, ¿y os habéis dado algún tiempo a estas letras?

Antronio: No, en verdad, ni aun quisiera.

Arzobispo: Pues, ¿por qué estáis mal con lo que no conocéis?

Antronio: Por vuestra vida que no me metáis en estas preguntas, sino que me digáis esto que os pregunto.

Arzobispo: Soy contento. Habéis de saber que la prudencia podéis decir que nos la encomendó Jesucristo, nuestro señor, cuando dijo: «sed prudentes como serpientes y simples como palomas»; la justicia, cuando nos mandó que hiciésemos con los hombres lo que querríamos que ellos hiciesen con nosotros, y la magnanimidad, cuando, animando a sus discípulos, dijo: «No tengáis miedo de los que matan el cuerpo, pues no tienen poder para matar el alma». La temperancia, cuando dijo: «Cualquier hombre que mirare alguna mujer para codiciarla, ya, en su corazón, ha cometido con ella adulterio». Veis aquí de qué manera las podréis aplicar.

Antronio: Está muy bien dicho; pero para que yo enteramente las entendiera, y supiera esas autoridades del Evangelio, fuera menester que me lo declararais más.

Arzobispo: Si, haré, pero otro día.

Las Tres virtudes teologales

Eusebio: Muy bien decís; y pues tan altamente habéis hablado en estas virtudes, hablando en ellas de mala gana; por vuestra vida, que nos digáis algo de las virtudes teologales, pues en éstas, por ser cristianas, sé que holgaréis de hablar.

Arzobispo: Sí haré, en verdad; y aunque todo lo demás que he dicho me hayáis de agradecer vosotros a mí, esto os agradeceré yo a vosotros, que me lo queráis escuchar, porque todas las veces que de estas virtudes hablo, siento muy a las claras que nuevamente y de nueva manera empiezan a crecer en mi alma. Plegue a Dios que de la misma manera crezcan en las vuestras, que en la verdad, todo el fin de las pláticas de los cristianos debería ser éste.

Son, pues, tres las virtudes teologales; conviene a saber: fe, esperanza y caridad; las cuales están tan conjuntas y ayuntadas entre sí, que la una nace de la otra; y así tengo por muy averiguado que el que perfectamente tuviera la una, tendrá todas las tres.

Digamos, pues, primero de la primera, que es la fe. Cuanto a lo primero, es menester que sepáis cómo este vocablo, fe, se toma de dos maneras en la Sagrada Escritura: en la una, entendemos que fe es una certidumbre y creencia de las cosas que nunca vimos; ésta puede estar muerta, sin obras, y la puede tener un ladrón y un desuellacaras, aunque imperfecta. De ésta habéis de saber que habla pocas veces la Sagrada Escritura, y ésta es la que dice Santiago que, cuando no está acompañada con caridad, está muerta; quiere decir, que vale poco.

En la otra manera entendemos que fe es confianza, así como si cuando oímos algunas palabras de Dios, después de haber creído que son suyas y verdaderas, ponemos toda nuestra confianza en Dios, que las cumplirá. Entonces tenemos la fe viva, la cual es raíz de las obras de caridad. Y así como de la raíz del árbol salen las ramas, y donde hay raíz no puede ser que a su tiempo no haya ramas, así donde está tal fe, como ésta, no puede ser que no haya obras de caridad, si es que se ha de conservar. Más os digo: que por esta fe de que yo hablo, a la cual los teólogos llaman fe formada, es como un vivo fuego en los corazones de los fieles, con el cual de cada día más se purifican y allegan a Dios, por eso la comparo yo al fuego: porque así como es imposible que el fuego no caliente, así también es imposible que esta fe no obre obras de caridad, porque si no las obrase dejaría de ser fe verdadera. De todo esto podemos muy bien concluir que para que un cristiano tenga fe es menester que crea en Dios, y que crea a Dios.

Antronio: Para mí sería eso menester más claro.

Arzobispo: Pues yo os lo declararé. Cuando digo que es menester que crea a Dios, digo que ha de creer todas las cosas que están en la Sagrada Escritura escritas de Dios. Cuando digo que es menester que crea en Dios, digo que ha de creer y tener entera confianza en Dios, como en último fin suyo y en las promesas de Dios; puesto caso que le parezca todo sobre razón humana, pues en tal caso es menester que esté sojuzgada la razón a la obediencia de la fe.

Eusebio: Veamos, ¿y de esa manera no se confunde con la fe, la esperanza?

Arzobispo: No, de ninguna manera; y para que veáis esto muy claramente, os pondré una comparación, y después de puesta, habremos declarado qué cosa es esperanza. Imaginad ahora, que un hombre que tiene la cabeza y los pies de cera está de aquella parte de aquel monte, el cual es todo de fuego, y que viene a él otro hombre y le dice: «Si quieres pasar de la otra parte, donde hay un lugar a maravilla deleitoso, confíate en mí y dame la mano, que yo te pasaré; y si nunca te apartares de mí, ni me dejares por cosa ninguna, te pondré en el lugar deleitoso que te digo». Luego el hombre, aunque le parece cosa imposible, confiándose en él, métese en el fuego, y aunque en el camino tropieza y cae, jamás pierde la confianza que tiene en su guiador, sino, tornando a levantarse, pasa adelante: veis aquí la fe. Este mismo hombre lleva muy grande esperanza en su guiador, que, pasados del monte, lo pondrá en el lugar deleitoso que le dijo, si no se aparta de él ni le deja: veis aquí la esperanza.

Eusebio: Por mi salud, que la comparación es a maravilla linda.

Antronio: Por amor de Dios os suplico que la declaréis más para que mejor la entienda yo, porque me parece que tiene gran moralidad.

Eusebio: Sí, tiene; y aún quizá más que pensáis; pero porque no nos detengamos ahora, recordádmelo vos cuando estemos despacio, que yo os lo declararé largamente.

Arzobispo: Muy bien os dice; de manera que pues tenemos ya dicho de la fe y de la esperanza, resta que digamos de la caridad.

De las cosas que de esta madre y raíz de todas las virtudes os dije en el principio del Credo y en los dos mandamientos del amor de Dios y del prójimo, bien creo que os acordáis; por tanto a ello me remito, pues caridad no es otra cosa sino amor de Dios y del prójimo. Esta es muy necesario que esté encajada en nuestros ánimos, pues sin ella no podemos ser cristianos. Esta es la señal que Jesucristo, nuestro señor, quiso que tuviesen los suyos entre todos los otros.

«En esto, dijo Él, conocerán todos que sois mis discípulos, si os amareis unos a otros.» De esta caridad nos da Jesucristo nuevo mandamiento cuando dice:

«Un nuevo mandamiento os doy, y éste es que os améis unos entre otros como yo os amo.» Esta es la virtud de que tanto habla San Pablo en todas sus epístolas, a la cual sobre todas ensalza. Esta, dice San Pedro, es la que tapa y cubre la muchedumbre de nuestros pecados. Esta la prefiere San Pablo a la fe y a la esperanza; sin ésta dice que no valdría nada, puesto caso que tuviese todas las demás. Esta, en fin, dice que no cae jamás, ni cesa, aunque se acabe esta vida; y si os hubiese de decir lo que de toda la Sagrada Escritura tengo colegido de ésta, sería para nunca acabar. Pues, concluyendo, digo, que si bien miráis en ello, hallaréis que la hermandad de estas virtudes es tanta, que jamás está la una verdadera sin la otra; porque el que tiene verdadera y viva fe, está claro que tiene caridad; porque para creer, conocer, y creyendo y conociendo, ama; y amando, obra; y asimismo espera en aquel a quien conoce, cree y ama.

Eusebio: Me han enamorado vuestras palabras. Bendito sea Dios que tan alto juicio y espíritu os dio, y plegue a su inmensa bondad y misericordia que hagan en nuestras almas el fruto que vos al principio dijisteis. ¡Oh, quién viese el tiempo en que estas cosas de esta manera se dijesen en los púlpitos, pues tanto importa que todo cristiano las sepa!

Arzobispo: Y aún porque veo yo que no se dicen, por eso quiero hacer de manera que particularmente cada padre instruya a su hijo en ellas y cada maestro a su discípulo.

Antronio: ¿Y si el padre no las sabe?

Arzobispo: Que las procure saber; y si no quiere sino ser él ruin, busque alguna persona que las enseñe a su hijo, pues le valdrán ciertamente más que cuanta hacienda le puede dejar.

Antronio: Sí, no toméis menos; tras cada rincón os hallaréis quien sepa o quiera hacer y decir eso.

Eusebio: Dejaos de esas réplicas, que yo os prometo no faltarían, si los buscasen; pero ¡mal pecado!, al ruin padre no se le da nada que su hijo sea tan ruin como él. Pero dejemos esto, que es perder tiempo; y si no os cansan nuestras preguntas, decidnos ahora qué debemos enseñar acerca de los dones del Espíritu Santo.

Los siete dones del Espiritu santo

Arzobispo: Eso haré yo de muy buena voluntad; y quiero que sepáis de mí una cosa: que noches y días no me cansaría de hablar en lo que aquí hablamos, porque entonces descanso yo, cuando pienso y hablo en cosas cristianas; y pues queréis que os diga de los dones del Espíritu Santo, habéis de estar muy atentos.

Antronio: Que nos place.

Arzobispo: De los dones que da Dios al alma que elige y escoge para sí, a los cuales con mucha razón llamamos dones del Espíritu Santo, quisiera tener más tiempo para hablaros largamente todo lo que siento y sé, y querría que todos sintiesen y supiesen; pero mejor será que solamente os apunte de cada uno lo que hace al caso, para que sobre aquello podáis vosotros enseñar a vuestros súbditos lo que os pareciere que más les conviene. Plegue a la bondad de Dios que de tal manera hablemos en ellos, que después de platicados queden muy de raíz impresos en nuestras almas.

Habéis de saber que de estos dones principalmente habla el profeta Isaías en una lección que empieza: Saldrá una vara de la raíz de Jessé, etc., donde pone siete dones de que fue dotada el alma de Jesucristo, nuestro señor y Redentor; y aunque en ella estuvieron todos juntos, Dios, empero, los reparte en nosotros, dando a cada uno según su capacidad. De este repartimiento de dones habla largamente San Pablo en una de sus epístolas, donde cuenta los estados que Dios pone en su Iglesia. Aquello querría que leyeseis, lo cual hallaréis en la primera epístola a los corintios, en el capítulo doce.

Eusebio: Presupuesto esto, digamos de qué manera se debe entender cada uno de los dones y qué se debe sentir de ellos, y qué es el efecto que hace en el alma del cristiano cada uno de ellos.

Arzobispo: Primeramente, el don de sabiduría da Dios comúnmente al alma para que le conozca y guste; y particularmente lo da a los que han de enseñar a sus prójimos, para que, mediante él, sepan enseñar toda verdad con mucho fervor y sin temor ninguno; y enseñar, no por interés ni con la ambición de ser tenidos y estimados por sabios, sino solamente de magnificar y engrandecer la doctrina de Jesucristo e imprimirla y encajarla en los ánimos de todos. Esta es la sabiduría con que hablaban los Apóstoles, y con ésta gustaban y sentían lo que hablaban al sabor de ésta, y al olor corrían las doncellas que dice el sabio en los Cantares; con ésta escribieron los santos doctores. De esta manera habéis de entender este don de sabiduría; y éste es el efecto que hace en el alma, porque como esta sabiduría venida del cielo es ciencia sabrosa, de tal manera se imprime y encaja en nuestros ánimos, que nos da fervor y eficacia para predicar la bondad y misericordia de Dios muy de otra manera que si no la tuviésemos, puesto caso que alcanzásemos toda la ciencia que con fuerzas humanas se puede alcanzar.

El segundo don, que es entendimiento, da Dios a los que han de oír la doctrina, para que mediante él oigan con mucha atención y entiendan con amor lo que oyeren, y entendiéndolo lo sepan aplicar según la necesidad que tuvieren, y se sepan aprovechar de ello. Así que el alma a quien Dios da este alto don sabe muy bien aplicar a sí y aprovecharse de todas las cosas: en todas halla a Dios, todas te predican y dicen la grandeza, bondad, omnipotencia y sabiduría de Dios; en todas lo conoce, en todas lo halla y en todas lo ve;

en fin, todo lo entiende, en cuanto le puede aprovechar para su salvación; de manera que la sabiduría da armas a la boca, y el entendimiento arma al corazón.

El tercer don que es consejo, lo da Dios al alma para que sepa dar buen consejo a sus prójimos, y aun tornarlo para sí. Este don es el que hace a los buenos que den buenos y santos consejos a los que lo piden.

Antronio: Cuanto a mí, lo mismo me parece que es este don que el primero.

Arzobispo: ¿Por qué?

Antronio: Porque creo, que el que tiene sabiduría tendrá también consejo.

Arzobispo: Engañado estáis; que muchas veces acontece que es uno sabio y le falta consejo; ¿lo queréis ver por autoridad de la Sagrada Escritura? Moisés, ¿no creéis vos que tenía don de sabiduría?

Antronio: Sí, creo, sin duda ninguna y aun grande.

Arzobispo: Pues mirad cómo le faltó el don de consejo, que según se cuenta en el Éxodo, estando Moisés con grandísimo trabajo, porque era juez de todas las pendencias del pueblo de Israel, vino a verlo Jethro, su suegro, y aconsejóle que repartiese aquel trabajo entre doce personas escogidas del pueblo, porque él no lo podría sufrir; a Moisés le pareció bien el consejo de su suegro y púsolo por obra. Veis aquí cómo lo que le faltó a Moisés lo tuvo su suegro, que fue este don de consejo, y aun por ventura se podría traer a este propósito la represión que hizo San Pablo a San Pedro.

Eusebio: No curéis, lo dicho basta. Con que habéis muy bien probado vuestra intención, decidnos adelante.

Arzobispo: Bien decís.

El cuarto don, que es fortaleza, lo da Dios al que es aconsejado, para que con buen ánimo, fuerte y perseverante, ponga en efecto el consejo que recibe. Este don es en todos muy necesario, porque todos tenemos necesidad de consejo, unos más y otros menos, pero ninguno se escapa, por más estirado que sea; y el que piensa que menos lo ha menester, aquél tiene más necesidad de él.

Eusebio: Verdaderamente vos decís muy gran verdad, porque yo conozco algunas personas que, aunque por una parte son buenas y sabias, por otra, confiándose en sus pareceres, y no queriendo tomar el consejo que con caridad y santo celo sus prójimos les dan, han venido a caer en algunas cosas de que a muy poca costa se pudieran librar.

Arzobispo: Muy a mi propósito habéis hablado, y quisiera en este caso hablar más largamente con vos, pero se quedará para otro día. Ahora digamos adelante.

El quinto don, que es ciencia, lo da Dios a aquellos que elige por predicadores y pregoneros de su doctrina sagrada.

Antronio: Veamos, ¿qué diferencia hacéis vos entre sabiduría y ciencia?, porque a mí todo me parece una misma cosa.

Arzobispo: Yo os la diré: que la sabiduría, que es ciencia sabrosa, es para conocer, gustar y sentir a Dios, y así, cuanto más tiene el alma esta sabiduría, más conoce y más siente y más gusta. Esta la da Dios muchas veces a una viejecita y a un idiota y la niega a un letradazo, de tal manera, que si le habláis de ella le parecerá que es algarabía o cosa semejante. Es la ciencia particularmente para los que han de enseñar la palabra de Dios, y así habéis de entender que ésta es la que Jesucristo prometió a sus Apóstoles, a la cual, les dijo, que no podrían los hombres resistir. Bien es verdad que muchas veces se toma la una por la otra, quiero decir, la sabiduría por ciencia y por el contrario; pero mirad que debajo de este nombre de ciencia no entendáis esta que con industria humana se adquiere, la cual hincha y ensoberbece.

Antronio: Ya entiendo bien esto. Seguid adelante.

Arzobispo: El sexto don, que es piedad, lo da Dios al alma con que, después de recibida la doctrina, sea santificada, porque piedad quiere decir santidad; así que el que recibe don de piedad recibe don de verdadera religión y santidad.

Antronio: Luego, según eso, ¿todos los cristianos que hemos recibido la doctrina de Jesucristo habríamos de ser santos?

Arzobispo: Por cierto, tales habríamos de ser; y no lo son los ruines, que los buenos sí son, porque con la doctrina evangélica reciben don de santidad, y son santos todos los que la abrazan y cumplen como deben, y aun a este propósito llama San Pablo a los cristianos, santos.

Antronio: No lo creáis.

Arzobispo: Sí, quiero creerlo, porque lo sé muy bien.

Antronio: ¿Quién os lo dijo?

Arzobispo: Yo lo he leído en muchas partes muchas veces, y particularmente lo hallaréis donde, enviando San Pablo encomiendas a ciertas personas a quien escribe, dice: se os encomiendan todos los santos, especialmente los que moran en casa del emperador.

Antronio: No curéis de más, que yo lo creo; no decís cosa que no sea mucha verdad. Seguid adelante.

Arzobispo: El séptimo don, que es temor, lo da Dios al alma para que viva en continuo recelo y recatamiento de no ofenderle; así que es este santo temor parte de dulcísima religión, y es muy excelente, porque por él se conservan los otros dones, y cuanto más tiene el alma de éste, tanto más y más se guarda y conserva justa y santamente en el amor y gracia de Dios. Este temor es muy contrario al que dice San Juan que no puede estar junto con la caridad, la cual, si es perfecta, según él mismo dice, lanza fuera al mal temor. Es también este temor de quien dice David: «Venid acá, mis hijos, oídme y os enseñaré el temor del señor», del cual también en otras muchas partes habla la Sagrada Escritura, así como es aquello: «El que teme a Dios obrará obras buenas». Y aquello del sabio: «Hijo, cuando te allegares al servicio de Dios, está en justicia y en temor, y apareja tu alma para la tentación». Y así, de esta manera, hallaréis alabado este santo temor en muchas partes.

Así que veis aquí lo que yo sé de los dones Espíritu Santo, y además de esto, sé de ellos otra cosa más provechosa; ésta es que vale más gustarlos y sentirlos en el alma, que no platicarlos ni decirlos con la lengua. ¡Oh, válgame Dios, y cuán grande dulzura y qué maravilloso gozo debe sentir el alma cuando conoce en alguna manera en sí estas tan ricas joyas o parte de ellas, dadas de mano de su esposo Jesucristo! ¡qué alegría, qué contentamiento, qué descanso! ¡cómo se hallará rica y bienaventurada con tan verdaderas riquezas, y cómo tendrá por basura estas cosas que los amadores del mundo tienen por riquezas! ¡con cuánto señorío las poseerá; con cuánta liberalidad las repartirá! Tengo yo por muy averiguado, que el que no goza de estas riquezas espirituales, no puede, como debe, menospreciar las corporales, ni ser señor de ellas. Cuando esto pienso, no tengo en mucho los trabajos, las fatigas, los tormentos, las afrentas, los martirios que dicen que los santos mártires pasaron. Pues sin duda tendrían adornadas sus almas con estos tan ricos joyeles, los cuales sentían y conocían que eran una manera de empresa o prenda de la vida eterna; y además de esto, porque los llevaba al martirio el amor, el cual dice (el Sabio) que es fuerte como la muerte.

Eusebio: Por mi fe, que vuestras palabras son de tanta eficacia que creo bastan para mover un corazón de piedra dura; especialmente cuando os encendéis un poco.

Los cinco mandamientos de la Iglesia

Antronio: ¿Sabéis en qué he mirado? Que nunca le habéis preguntado de los mandamientos de la Iglesia, y os digo de verdad que es esto lo que yo más deseo saber.

Eusebio: No penséis que se me han olvidado; pero porque es más principal lo que hasta ahora he preguntado, por eso los he dejado.

Antronio: ¿Cómo más principal?

Eusebio: Yo os lo diré; porque es más necesario que el cristiano sepa, qué es lo que ha de hacer para con Dios, que para con la Iglesia. Sé que no somos obligados a servir a Dios por la Iglesia, sino a la Iglesia por Dios.

Antronio: Digo que tenéis razón; pero si mandáis, todavía querría que nos dijese algo de estos mandamientos.

Arzobispo: Sí, diré, por haceros placer.

Cuanto a lo primero, ya sabéis que los mandamientos que dicen comúnmente de la Iglesia, son cinco. Diremos de cada uno, por su orden, lo que sintiéremos que convendría que todos los cristianos supiesen, y especialmente lo que será bien que enseñéis vosotros a vuestros súbditos; pues éste es nuestro principal intento.

El primero es oír misa entera todos los domingos y fiestas de guardar. La intención con que la Iglesia se movió a mandar esto es porque, pues mandaba que los tales días cesásemos de los trabajos corporales, y esto para que en honra de las fiestas nos diésemos a los espirituales, parecióle que era menester hacernos ir a la Iglesia, donde todos y del todo nos ofreciésemos a Dios; asimismo oyésemos, los tales días, predicaciones, de donde fuesen nuestros ánimos edificados en sana y santa doctrina.

Y nos manda que oigamos la misa para que entendamos los misterios que allí se representan, y asimismo tomemos de la doctrina que en la epístola y en el sagrado evangelio nos leen. De manera que, considerando esto, no creáis que cumplen con el mandamiento de la Iglesia los que ni por pensamiento están atentos a lo que en la misa se dice; antes, todo aquel tiempo, se están parlando en cosas que aún para detrás de sus fuegos no son honestas. Son cuasi como éstos los que llevan a la Iglesia sus librillos de rezar y sus rosarios en que no hacen sino rezar todo el tiempo que la misa se dice, y cuanto es mayor el número de los salmos y de los paternostres que han ensartado, tanto se tienen por más santos, y piensan que han hecho mayor servicio a Dios; y yo, en la verdad, no osaría tasar el valor de aquella su oración, pues veo que si cuando salen de la Iglesia les preguntáis qué evangelio se cantó en la misa, o qué decía la epístola, no os sabrán decir palabra de ello, más que si estuvieran en las Indias.

Antronio: ¿Y ésos decís que no cumplen con la intención de la Iglesia?

Arzobispo: Sí, sin duda. Digo más: que a los primeros, les estuviera mucho mejor estarse en sus casas, y a los segundos, tener por entonces cerrados sus librillos, a lo menos en tanto que dicen la epístola y el evangelio, y las oraciones públicas de la misa.

Antronio: Está bien en eso, ya os entiendo. Decidme la manera que os parece debo enseñar que tengan en el oír de la misa.

Arzobispo: Cuanto a lo primero, les debéis decir que procuren, si fuere posible, de llevar los tales días, cuando van a la Iglesia, sabido el evangelio y la epístola que aquel día se ha de cantar; y que, en entrando en la Iglesia, procuren de ponerse en tal parte que no se les apegue algún parlador que les haga perder el reposo y quietud que deben tener; y que oigan su misa con mucha devoción y atención, notando muy bien lo que allí se hace, se representa y se dice. De tal manera que ninguna cosa se les pase el evangelio y la epístola les encomendaréis que noten bien, para que con lo que allí tomaren tengan en qué platicar todo aquel día.

Antronio: Cómo, ¿que en tan poco tenéis la epístola y el evangelio, que queréis que aun los muchachos y mujeres hablen en ello?

Arzobispo: ¡Donoso sois! Antes porque lo tengo en mucho, y es necesario; por eso querría que todos lo platicasen.

Antronio: Me espantáis con decir una cosa tan nueva y tan fuera de razón.

Eusebio: Por mi salud, que yo no os sufra eso. Decidme, por vuestra vida, ¿tendríais por malo que un muchacho supiese lo que su señoría nos ha dicho aquí?

Antronio: No, por cierto. Sé que no soy tan desvariado que me ha de parecer mal lo bueno.

Eusebio: ¿Cómo creéis vos que lo puede aprender? **Antronio:** Enseñándoselo y platicándolo.

Eusebio: Luego veis ahí cómo no debéis tener sino por muy bueno que todos hagan lo mismo; ¿pues os parecería bien uno que lo hubiese hecho?

Antronio: Digo que tenéis razón; pero bien creeréis que yo no saco esto de mi cabeza.

Eusebio: Bien lo creo eso; pero también creo que si no dejareis vos entrar en vuestra cabeza una opinión tan ruin y tan contraria a buena cristiandad, no la sacaríais ahora. Pero para adelante, tened esta verdad por muy averiguada; que tales somos nosotros como son nuestras continuas pláticas y conversaciones, y tales cuales son los libros en que de continuo leemos; de manera que, si queréis que sean vuestros súbditos santos y buenos, debéis holgar que lean y hablen en cosas santas y buenas, y cuando más santas fueren es mucho mejor. Y porque lo que es más santo es lo que Jesucristo, Nuestro señor, nos enseñó, y sus apóstoles, por eso os dicen que debéis aconsejar a vuestros súbditos que siempre se ejerciten en ello.

Antronio: ¡Ahora bien!, que yo lo haré como mandáis. Decidnos adelante.

Arzobispo: Decidles asimismo que cuando hubiere sermón, lo oigan, y con mucha atención; y que si el predicador dijere cosas buenas, cristianas y evangélicas, las escuchen con mucha atención y de buena gana, rogando a Dios las imprima en sus almas; y que si fuere algún necio o chocarrero le oigan también, para que, movidos con celo cristiano, se duelan de la afrenta que se hace a Dios y a su sacratísima doctrina, y le rueguen muy afectuosamente envíe buenos y santos trabajadores en esta su viña que es la Iglesia. Veis aquí lo que en este mandamiento me parece les debéis decir; y si os pareciere, les debéis dar a entender, que no cumple con la intención de la Iglesia el que no lo hace así.

Antronio: Yo os prometo de hacerlo todo de la manera que lo decís, y puesto esto está ya dicho, decidme ahora del segundo mandamiento.

Arzobispo: El segundo mandamiento es que nos confesemos una vez en el año por cuaresma. Bien os podía decir hartas cosas acerca de la confesión, porque con mucha curiosidad las he escudriñado, pero otra vez quizá hablaremos largo de ella. Ahora solamente diremos lo que hace al caso para que el padre cura instruya a sus súbditos. En cuanto a lo primero, debéis decirles que la confesión se dio para remedio del pecado; quiero decir para que si después de recibida el agua del Santísimo pecáramos, conociendo nuestro pecado y confesándolo, nos perdone Dios. Dicho ello, les diréis cuán gran bien es no tener necesidad de confesarse en toda su vida.

Antronio: ¡Cómo! ¿Y tenéis eso por bueno?

Arzobispo: Y aun por más que rebueno.

Antronio: ¿Por qué?

Arzobispo: Porque si es bueno que no pequen, también será bueno que no tengan necesidad de confesarse.

Antronio: Eso es imposible.

Arzobispo: No digáis, por vuestra vida, eso que es muy grande error. Cómo, ¿no os parece que con la gracia de Dios es posible?

Antronio: Sí, pero...

Arzobispo: No digáis pero: que pues es posible con la gracia de Dios, y es posible alcanzar la gracia de Dios, también será posible no pecar mortalmente y, no pecando mortalmente, no habría necesidad de confesión.

Antronio: Digo que tenéis razón, pero ¿no veis vos que de esa manera no cumplirían con este mandamiento de la Iglesia, si en toda su vida no se confesasen?

Arzobispo: Mal me entendisteis; que yo dije que no se confesaran en su vida con necesidad; y quise entender que es bien que se confiesen sin ella, cuando la Iglesia lo manda; y esto por muchas causas que sería largo decirlas.

Antronio: Yo me satisfago bien con vuestra razón, pero, por vuestra vida, que me digáis, ¿qué es la causa que los que comúnmente vemos que son los mejores cristianos, y que viven mejor y más santamente, se confiesan más veces?

Arzobispo: Pluguiera a Dios que yo lo supiera, que sí dijera de buena gana.

Antronio: Todavía quiero que me digáis vuestro parecer en ello.

Arzobispo: Lo que os puedo decir, es que yo querría nunca jamás hacer cosa que tuviese necesidad de confesarla, ni de que mi conciencia me acusase; y así no confesarme más que de año a año, solamente por cumplir con la Iglesia. Cuanto a lo que esos que vos llamáis mejores cristianos hacen, no me parece que mi juicio es bastante para juzgarlos; yo, sin ninguna duda, creo que si estas tales personas supiesen lo que de la confesión se debe saber, y qué es lo que el cristiano está obligado a confesar, y qué no, por ventura, si son tales como vos decís, se confesarían menos veces, salvo si no piensan que es alguna santidad confesarse muchas veces, que en tal caso no digo nada.

Antronio: Pues decidnos, por caridad, ¿qué es lo que debemos confesar?

Arzobispo: Larga cosa me pedís; pero en dos palabras os digo: que solamente aquellas cosas de que nuestra conciencia nos acusa, y aquello en que ofendimos a Dios, o por ignorancia, o por flaqueza, o por malicia.

Eusebio: Os digo que me habéis contentado en esto más que pensáis, porque os doy mi fe, que muchas veces me voy a confesar, y por tener qué decir, digo algunas cosas de que ni por pensamiento me acusa mi conciencia; y aún conozco esto mismo en algunos de los que se vienen a confesar conmigo, y en la verdad, aunque no es malo, pero tampoco es bueno; pues está más cerca de mal que de bien.

Antronio: Pues que vos os habéis confesado, no es mucho que yo también me confiese; y os digo que, por las órdenes que recibí, ninguna vez me voy a confesar que mire en nada de eso, ni si me acusa la conciencia, ni si no. Ni menos me confieso, sino por una buena costumbre que tengo de hacerlo; y así me parecería que cuando no lo hiciese estaría perdido; y aun os prometo que creo hacen lo mismo la mayor parte de los clérigos; esto lo verán muy bien los que nos confiesan; porque los mismos pecados que confesamos antaño los confesamos hogaño, y lo mismo hoy que ayer.

Arzobispo: No pasen vuestras confesiones adelante; que aún podría yo decir también mi parte, si dijese lo que, siendo muchacho, mis compañeros me contaban, cuando venían de confesarse, de lo que sus confesores pasaban con ellos. Yo, por mi verdad, no sé por qué lo hacen, ni qué sienten de la confesión, ni sé si piensan que fue instituida para remedio de las almas de los fieles, o para sus granjerías; pero más vale callar esto, pues no aprovecha nada.

Y digo, tornando a lo que primero dije, que junto con decirles a todos lo que primero dije, les debéis decir también, que si acaso por flaqueza cayeren en algún pecado, pidiendo a Dios perdón de él, tomen el remedio de la confesión; y esto, con mucha cordura y discreción, no curando de confesar, como dije, más que aquello de que sienten que sus conciencias les acusan; y esto brevemente, sin entremeter pláticas de aire. Es también menester que les aviséis que solamente los lleve a la confesión el dolor de la ofensa que hubieren hecho a Dios. Esto es para cuanto a los que se van a confesar.

Además de esto, deben los confesores guardarse de no enseñar a pecar a los que confiesan. Lo digo, porque ya los más tienen por costumbre preguntar en la confesión cosas que sería mejor callarlas, cuanto que a mí muchas maneras de pecados me han enseñado confesores necios, que yo no sabía. Bastará, pues, habiendo oído la confesión del penitente, que el confesor lo absolviese, y avisándole y amonestándole, según conviene, acerca de lo que ha confesado, lo anime así para que de allí adelante se guarde de ofender a Dios; como para que crea, que ya Dios le ha perdonado sus pecados, mediante su confesión y la absolución del sacerdote.

Y sí de esta manera se hace, la conciencia del otro irá apaciguada, y se excusarán algunas niñerías, y aún podría decir bellaquerías, que pasan so color de confesión. La penitencia que habéis de dar al que viene a confesar, es menester que principalmente sea mandarle leer en algún libro donde pueda hallar buena doctrina y algún remedio para el pecado a que más está inclinado, porque así mejor se pueda apartar de él.

Antronio: No puedo decir sino que tenéis grandísima razón en todo lo que habéis dicho; y pues todo lo decís tan bien, decidnos ahora del tercer mandamiento, que es, recibir el Santísimo sacramento por pascua de resurrección.

Arzobispo: La institución de este santísimo sacramento ya sabéis cómo fue el jueves santo, cenando Jesucristo con sus amados apóstoles; y dióselo después de haberles lavado los pies, en lo cual nos quiso enseñar que, para recibir en la posada de nuestras almas tan gran huésped, es menester que las lavemos con toda mácula de pecado. Lo mismo nos enseña San Pablo en una de sus epístolas, y no sin gran misterio. Y así creo yo, y aún querría que todos lo creyesen, que uno de los efectos que este santísimo sacramento tiene, es que ayuda maravillosamente al alma, que puramente lo recibe, a vencer del todo los deseos de pecar; y más creo, que una de las causas por que antiguamente acostumbraban a recibirlo cada día, era por este efecto. Después, como se empezó a enfriar el fervor de la fe, y a matar el ardor de la caridad, lo recibían todos los domingos; ahora somos tan ruines que lo hemos alargado de año a año. En este caso tengo de hacer que los clérigos y los frailes tengan mucho cuidado, y que den a entender al pueblo, qué es lo que deben sentir de este tan alto sacramento, para que sepan que al recibirle dignamente, reciben aumento de gracia.

Antronio: Luego, según lo que antiguamente decías que hacían, ¿bien es recibir a menudo este santo sacramento?

Arzobispo: ¿Quién os dice otra cosa?

Antronio: Veamos, para recibirlo ¿no es menester que el hombre se confiese?

Arzobispo: Sí, el que tiene qué, y el que no, no, sino cuando la Iglesia lo manda. Veamos, cuan queréis decir misa ¿os confesáis, si no tenéis qué?

Antronio: No, ¿a qué propósito?

Arzobispo: Pues tampoco tiene necesidad de confesarse para recibir el sacramento el que no tiene qué.

Antronio: Digo que tenéis razón; pero si vos vieseis a uno irse a comulgar, sin haber confesado ¿no lo tendríais por cosa grave?

Arzobispo: No, por cierto, porque creería lo que de mí, que se confesara si tuviera qué.

Antronio: Yo os prometo que hallaréis bien pocos que en este caso digan lo que vos decís.

Arzobispo: Os engañáis en eso, que no hallaré sino muchos, aunque bien sé que serán más los que dirán lo contrario. La causa es que donde quiera son más los ruines y necios, que los buenos y discretos.

Antronio: En eso vos tenéis mucha razón; pero, dad acá, ¿os parece que debo decir a los muchachos que comulguen?

Arzobispo: Sí, a los que tienen discreción y son de edad. Y mirad que os encargo que muy de veras los aficionéis y enamoréis a este santísimo sacramento, de tal manera que los que no tienen edad para recibirlo, la deseen tener por gozar de tanto bien; y los que la tienen, conozcan el grandísimo bien que alcanzan cuando lo reciben.

Antronio: Eso haré yo de muy buena voluntad, lo mejor que pudiere. Y pues ya habéis dicho de esto lo que basta, decidnos lo que del cuarto mandamiento se debe decir y enseñar.

Arzobispo: Soy contento, aunque me dejo harto por decir de lo que quisiera de la confesión y del santísimo sacramento; pero otro día se hará.

El cuarto mandamiento es, ayunar los días que manda la Iglesia. Es menester que sepamos de dónde se empezó el ayuno; y qué es la virtud de él, y también qué movió a la Iglesia para que lo diese por precepto; pues parece cosa que había de ser voluntaria; y en fin, para que el ayuno que hiciéremos sea bueno, qué condiciones ha de tener. Dicho esto, veréis qué es lo que conviene decir y enseñar.

Cuanto a lo primero, el ayuno se empezó mucho antes del advenimiento de Jesucristo, nuestro señor, y la primera vez que se halla nombrado en la Sagrada Escritura es en el libro de los Números; pero, según parece, entonces el ayuno era para afligirse los cuerpos y estar en silencio y tristeza. Después los ayunos de los santos padres que estaban en el yermo de Egipto. Era una continua abstinencia de todos manjares, que fuesen exquisitos; y lo que comían era lo que más sin trabajo podían hallar en la tierra donde moraban. No se les daba más que fuese carne que pescado, comían templadamente, no para hartar los cuerpos, sino para sustentar las vidas. Este es el ayuno que en muchas partes de la Sagrada Escritura está alabado; y éste es el que yo deseo que aprendiesen a ayunar los que se precian de ayunadores, que no a no comer carne, y gastar en pescados, traídos de no sé dónde, dos veces más que gastarían en carne; y de aquello, con tanto que no sea carne, piensan que les es lícito comer hasta reventar. Esta manera de ayuno, yo, ni la tengo por ayuno, ni por nada, sino por vicio. El otro, a la fe, es el que sojuzga la sensualidad a la razón, y la carne al espíritu, y así hace al alma que se allegue a Dios, y que aborrezca los placeres de la carne, y aquellos comeres demasiados y glotonerías.

Pues dejando esto, después, andando el tiempo, la Iglesia, movida por causas santas y buenas, instituyó el ayuno que ahora tenemos y de la manera que lo tenemos. Verdad es, que personas supersticiosas lo tienen corrompido, como muchas otras cosas, usando de él, no según la intención de la Iglesia, sino según lo que ellos se fingen. Pues dejando éstos, que ellos darán cuenta a Dios de lo que hacen, digo que en este caso de ayunos, no querría que dijeseis otra cosa, especialmente a los niños, sino que el ayuno principal del cristiano debe ser abstinencia de pecados y de vicios; y esto se lo debéis aconsejar con mucho ahínco; y de este otro ayuno corporal no curéis de decir a los niños nada; antes decidles y declarad cómo, en tanto que son muchachos, no están obligados a ayunar.

Antronio: ¿Para qué? ¿No es mejor que ayunen, aunque no estén obligados?

Arzobispo: No.

Antronio: ¿Por qué no?

Arzobispo: Porque los ayunos vemos muchas veces que causan a los muchachos enfermedades. La causa es que, como el día que ayunan, acordándose que no han de cenar, comen a mediodía demasiado, de lo que suele hacerles mal. Hay asimismo otro inconveniente, que yo tengo por mayor, y es que, si les ponéis desde niños en que piensan que es gran cristiandad ayunar mucho, ponen en aquello su santidad, y en lugar de hacerlos píos y santos los hacéis supersticiosos y ruines.

Antronio: ¿Y decísme de veras que diga eso a los muchachos?

Arzobispo: Sí, y aun más que de veras.

Antronio: Pues yo os prometo de tomar vuestro consejo; aunque, a mi juicio, siquiera por la buena costumbre, sería bueno que ayunasen.

Arzobispo: La buena costumbre haced vos que la tengan en amar a Dios y a sus prójimos, y de las otras cosas no se os dé nada.

Antronio: Digo que me place; pero, dad acá, veamos; del pagar diezmos y primicias, que es el quinto mandamiento, ¿qué nos decís?

Arzobispo: ¿Qué queréis que os diga? Nada.

Antronio: ¿Cómo no?

Arzobispo: Yo os lo diré; porque para deciros verdad, pues aquí todo puede pasar, yo tengo por tan de buen recaudo a los eclesiásticos, que no dejaremos ir al otro mundo muy cargadas de diezmos las ánimas de nuestros feligreses. Pluguiese a Dios que tanto recaudo y diligencia pusiésemos en instruir al pueblo en la doctrina cristiana cuanto ponemos en hacerles pagar los diezmos y las primicias. Si esto se hiciese así, yo os prometo que todos fuésemos santos.

Antronio: ¿Pues no os parece bien que los clérigos cobremos nuestras rentas?

Arzobispo: Yo no digo que no se cobren, pero digo que sería bien que nosotros hiciésemos de ellas lo que somos obligados, y no lo que hacemos, y que, pues nos dan los legos sus rentas, porque les demos doctrina, la diésemos. Sé que San Pablo muy mejor era que ninguno de nosotros, y con mucho mejor título podía pedir diezmos y rediezmos, pero ya sabéis que era tanta su modestia, que por no ser a ninguno molesto, y porque no pareciese que por interés predicaba a Jesucristo, jamás dejaba de día o de noche de trabajar en su oficio, con que por sus propias manos ganaba de comer para sí y para los que traía consigo, de lo cual él mismo, en muchas partes y con mucha razón, se alaba; y dice que notemos, para guardarnos de ellos, a los que, andando ociosos, quieren mantenerse de los trabajos ajenos. Pues, considerando esto, digo yo que no es malo que nosotros cobremos nuestras rentas, pero que es bueno y justo que los que nos las dan cobren de nosotros aquello por lo que nos la dan, que es la doctrina; y mientras ellos no cobren esta doctrina de nosotros, creedme que no merecemos las rentas que nos dan. Y no tan sólo estamos obligados a darles doctrina por sus rentas, sino a gastarlas en aquellas cosas que quiere la Iglesia que las gastemos. Verdaderamente, yo no sé cómo no tenemos empacho los eclesiásticos de gastar las rentas que nos dan para remedio de los pobres en cosas profanas y más que mundanas.

Antronio: Cuanto a mí, no me demandará Dios nada de eso.

Arzobispo: ¿Cómo no?

Antronio: Porque, a lo menos, no gasto mi renta, como esos que vos decís, en juegos, ni en bellaquerías, ni en cosas semejantes.

Arzobispo: ¿Pues en qué las gastáis?

Antronio: En sostener lo mejor que puedo mi honra y la de mis parientes, según conviene a una persona que tiene la renta y dignidad que yo.

Arzobispo: ¿Y de eso estáis muy contento?

Antronio: Sí, sin falta; ¿por qué no lo tengo de estar?

Arzobispo: Porque, pues no os las dan para que las gastéis en eso, sino en sostener la honra de Dios y de su Iglesia, no tenéis por qué estar muy contento de ello.

Antronio: ¿Cómo se sostiene la honra de Dios?

Arzobispo: Haciendo en todo lo que Dios quiere; porque no se honra él de otra cosa más que de que sus criaturas cumplan su voluntad; y esto es lo principal a que vos, y yo, y todos, debemos tener respeto; y conforme a esto debemos gastar todo lo que tuviéremos.

Antronio: Bien está eso; pero la honra de la Iglesia, ¿en qué está?

Arzobispo: En que la obedezcamos siempre y en todas las cosas, así que, pues ella nos manda que gastemos nuestras rentas con los pobres y necesitados, es menester que, haciéndolo así, cumplamos con su honra. ¿No os parece a vos que se honraría mucho Dios y su Iglesia si entre los cristianos hubiese tanto amor y caridad que los que algo tienen no dejasen padecer necesidad a los que son pobres?

Antronio: Sí, por cierto; pero no sé yo por qué le ha de pesar a Dios que yo gaste mi renta en lo que tengo dicho.

Arzobispo: Pues no lo sabéis, yo os lo quiero decir. Venid acá, por vuestra vida. Si vos enviaseis a la feria de Medina del Campo un criado vuestro con cien mil maravedís, los cuales le mandaseis que gastase en lo necesario para su persona, y en comprar algunas cosas que vos le mandaseis a vuestro propósito, ¿no holgaríais que lo hiciese conforme a vuestra voluntad?

Antronio: Sí, sin duda.

Arzobispo: Y si, sin cumplir vuestra voluntad, gastase aquellos dineros en lo que a él se le antojase, puesto caso que fuese bueno, ¿qué le haríais?

Antronio: Haríale que me pagase mis dineros, y a más de esto le castigaría muy a mi placer.

Arzobispo: Muy bien habéis respondido, y muy a mi propósito; y pues tan bien respondisteis, decidme, ¿a vos nos envió Dios a la feria de este mundo?

Antronio: Sí envió.

Arzobispo: ¿Y no os dio cien mil maravedís, o más, de renta, que gastaseis en lo que hubiereis menester y en lo que él os mandase?

Antronio: Si dio.

Arzobispo: Y si vos, dejando de gastar vuestra renta en lo que Dios quiere, la gastáis en sostener vuestra honra y la de vuestros parientes, ¿no os parece que con justa razón os dará Dios a vos la pena y castigo que dijisteis daríais a vuestro criado?

Antronio: Sí parece; pero, pues me da a mí Dios licencia que tome para mí lo necesario —y yo tengo por muy principal mi honra y la de mis parientes—, lícito me es gastar lo que tengo en ello.

Arzobispo: ¿A qué, veamos, llamáis vos honra?

Antronio: A vivir en aquel estado y autoridad que viven otras personas que tienen la dignidad y renta que yo.

Arzobispo: Mirad, padre cura, muy engañado estáis en eso. Lícito os es a vos tomar de vuestra renta para lo que habéis menester, según vuestro estado y manera; y esto muy moderadamente, sin tener respeto a la dignidad y renta que tenéis, pues la honra de la dignidad consiste en que vos hagáis en ella lo que debéis, y no en que tengáis buenas mulas y muchos criados; así que la honra del cristiano más debe consistir en no hacer cosa que, delante de Dios ni de los hombres, parezca fea, que no en cosa ninguna mundana; porque esa honra que vos decís que sostenéis, es camino del infierno, pues tiene anejas a sí la avaricia y ambición. Y porque más entendáis lo que en esto os quiero decir, os contaré una cosa que hacía el primer arzobispo de esta Iglesia, con quien yo viví muchos años, que se llamaba don fray Fernando de Talavera, de cuya doctrina y santidad bien creo habéis oído hablar.

Antronio: Sí he, y muchas veces.

Arzobispo: Habéis de saber que tenía unas hermanas doncellas, las cuales, si él no fuera arzobispo, se casaran con algunos oficiales; pero ellas, creyendo que su hermano haría como otros algunos hacen, levantaron sus pensamientos y pidieron a su hermano que las casase con sendos caballeros, diciendo que así convenía a la honra de su dignidad. El buen hombre, considerando que las rentas de la Iglesia no son para mantener honras mundanas, jamás quiso hacer con ellas más de requerirles que, si se querían casar, él les daría, como a huérfanas, a cada una treinta mil maravedís, con que podrían escoger oficiales a su voluntad; pero que si otra cosa querían, perdonasen que él en ninguna manera lo podía hacer. ¿Os parece que este santo hombre tenía respeto a sostener con las rentas de la Iglesia su honra o la de sus parientes?

Antronio: No, por cierto; ¿pero, vos no veis también que eso era extremo?

Arzobispo: Pluguiese a Dios que el mismo extremo tomásemos todos los que tenemos rentas eclesiásticas, pues sin duda sería mucho mejor que no dejar mayorazgos de los bienes de los pobres.

Antronio: Sin duda ninguna, vos me habéis de hundir y hacer de nuevo, y pues así es, os suplico me digáis cómo haré para gastar bien mi renta.

Arzobispo: Leed en la Sagrada Escritura, a donde declara Dios en esto su voluntad en muchas partes, y haced conforme a lo que leyereis.

Antronio: ¿A qué llamáis Sagrada Escritura?

Arzobispo: A la Biblia, Testamento viejo y nuevo, donde Dios no nos encomienda otra cosa sino que gastemos lo que él nos da con personas necesitadas; y de otra cosa no veo que hace mención; y pues no la hace, de creer es que sólo ésta quiere y le agrada. Y si todos tuviésemos respeto a sólo esto, yo os prometo que procurásemos de dejar nuestras memorias en el cielo y no en el suelo.

Eusebio: Mucho nos hemos detenido en esto. Dejémoslo, señor, ya, y decidme, ¿qué diferencia hacéis entre los mandamientos de Dios y estos de la Iglesia, cuanto a la guarda de ellos?

Arzobispo: Yo os la diré. Que los mandamientos de Dios estamos obligados a guardarlos exterior e interiormente, y con muy entera y pronta voluntad, tanto que a lo menos con el espíritu nos holguemos con ellos, y se nos hagan dulces y sabrosos, como en la verdad lo son. Los mandamientos de la Iglesia, según dice Juan Gerson, basta para cumplir con ella que los guardemos exteriormente; y aunque los guardemos de mala gana, con tanto que los guardemos, cumplimos con la Iglesia; porque ella solamente juzga de lo exterior, de manera que puede uno decir sin pecar: pésame que me mande la Iglesia que ayune hoy, porque quisiera comer carne; y por el consiguiente de otros mandamientos, que aunque le pese de guardarlos, si los guarda, cumple en lo exterior. Pero pecará gravemente, si dice: pésame que me mande Dios que ame a mi prójimo como a mí mismo, porque quisiera amarme más a mí; o pésame que me mande Dios que no hurte, porque quisiera hurtar, y así por consiguiente de los demás.

Antronio: Luego, a esa cuenta, cuando yo veo en la Cuaresma comer carne a algún enfermo y deseo comerla yo también, ¿no peco?

Arzobispo: Según con el ánimo que lo deseáis.

Antronio: ¿Si lo deseo para vivir más sano, porque el pescado me es muy dañoso para la salud?

Arzobispo: No pecáis, porque, en tal caso, vuestro deseo no es sino que quisierais que la Iglesia no os mandara aquello, porque es dañoso para la salud de vuestro cuerpo, y por ventura para la de vuestra alma; pero no por eso dejáis de guardar lo que os manda.

Eusebio: Cuanto a ese mandamiento del ayuno, yo os confieso que tenéis razón; pero de dar la confesión, sé que no aprovecha nada al que de mala gana la hace.

Arzobispo: Así es la verdad; ni aún al que la hace solamente por cumplir con la Iglesia. Lo que yo os digo no es sino en cuanto al cumplimiento de los unos o de los otros, porque al que se confiesa, aunque lo haga de mala gana, no lo castigará la Iglesia; pero castigará Dios al que de mala gana deja de hurtar.

Antronio: Y el que va de mala gana a oír misa el día de fiesta, ¿creéis que cumple?

Arzobispo: Con la Iglesia, claro está que sí, y también con Dios, en algún caso, porque puede ser que uno, alguna vez, tenga algún negocio santo y bueno en que entender, donde, a su parecer, serviría mucho a Dios, y le puede pesar de dejarlo por ir a cumplir el mandamiento de la Iglesia en oír la misa; y en tal caso, cumple también con Dios.Dadme vos, padre cura, un ánimo recto y discreto que tenga en todas sus cosas enderezada su intención a sólo Dios, como sería razón que todos los que nos llamamos cristianos la tuviésemos, y yo os prometo que todas estas cosas le salgan a bien.

Antronio: Yo lo creo como lo decís; pero, veamos, ¿decís lo mismo del pagar de los diezmos?

Arzobispo: Eso ya vos de antes de ahora os lo sabéis.

Antronio: No lo sé, en verdad.

Arzobispo: Luego, si no lo sabéis, impiedad es muy grande que excomulguéis a vuestros feligreses por los diezmos, si no creéis que cumplen, aunque los paguen de mala voluntad.

Antronio: Digo que aunque no fuera sino por esto, creyera todo lo demás que de la guarda de estos mandamientos de la Iglesia habéis dicho, porque en todo tenéis mucha razón; pero, decidnos, ¿holgareis que todas estas cosas se digan y enseñen así a todo el pueblo para que aprendan a tener cada cosa en lo que es razón?

Arzobispo: Ciertamente no holgaría de cosa más.

Devociones

Antronio: Yo os lo creo así. Pero, dad acá, veamos, ¿qué devociones os parece será bien se enseñen a los niños cristianos luego que empiezan a entender y conocer algo de las cosas?

Arzobispo: Cuanto a lo primero, será bien que les hagáis que tomen por devoción amar a Dios sobre todas las cosas y a sus prójimos como a sí mismos; y que se aficionen y enamoren de la ley de Dios y propongan en sí de hacer bien a todos, en cuanto pudieren, y no dañar a ninguno.

Antronio: Sé que esa no es devoción, sino mandamiento de Dios.

Arzobispo: Así es verdad, que es mandamiento de Dios; pero lo que yo en esto digo es que la devoción que unas personas ponen en no sé qué ayunos y otras cosas que no las manda Dios, la misma hagáis vos que pongan en lo que manda Dios, de manera que sea tan grande su devoción, que lo que es de precepto lo hagan voluntario, holgándose de guardarlo y cumplirlo con entera afición y amor.

Antronio: Está bien; pero yo no os pregunto de esa manera de devoción, sino de esta otra que comúnmente tenemos.

Arzobispo: Pues yo digo de ésta, porque al que ésta no tiene, poco le aprovecha esa otra, y el que ésta tiene, no ha menester que le diga nadie qué es lo que ha de tomar de esta otra. Creedme, padre, que el principal fundamento que hubiereis de poner en los ánimos de los niños sea amor del bien y aborrecimiento del mal; y luego hacer que encajen en sus ánimos la ley de Dios, de tal manera que jamás se les pueda desencajar.

Cuanto a esas otras devociones de rezares y ayunos y cosas semejantes, que es todo accesorio, como son cosas que toma cada uno por su voluntad, sin ninguna obligación, debéis dejar que cada uno haga lo que más le agradare. Pero, aún con todo esto, siempre debéis procurar que las oraciones de los que doctrinareis sean muy discretas, y que en ellas no pidan a Dios sino solamente aquello que es para gloria suya y para salud de sus almas; y que esto no siempre lo pidan con esta oración o con aquélla, sino con las palabras que su corazón conforme a su necesidad, les enseñare; porque habéis de saber que el ardiente deseo del alma hiere los oídos de Dios, que no el estruendo ni la muchedumbre de las palabras.

Antronio: Luego, según eso, no querríais vos que rezásemos en libros, no siendo obligados, ni en cuentas.

Arzobispo: No digo yo tal, sino que rece en ellos el que quisiere mucho en buen hora; mas, por deciros verdad, ni tendría por malo al que no rezase en libro, no siendo obligado, ni en cuentas, si viese que vivía bien; ni por bueno al que rezase mucho en lo uno y en lo otro, si no le viese otra cosa más que fuese señal de cristiano. Esto digo, porque conozco muchos que, si los veis en la iglesia con sus libros y sus cuentas, os parecerá que son unos Jerónimos; y salidos de allí, y un allí, en acabando el número de sus Pater nosters y Salmos, traen tan ligera la lengua en murmurar de sus prójimos, y en decir mentiras, ruindades y bellaquerías, que es grandísima lástima.

Eusebio: Eso débelo causar que, como tienen usada la lengua a dar prisa a los Salmos, no pueden tenerla cuando hablan de estas otras cosas.

Arzobispo: Sea lo que fuere; que al fin ellos se hallarán burlados, por bien que negocien, si no dejan sus ruines costumbres. Consuélome con que hay una vida alegre y eterna para los buenos, y una muerte triste y sin fin para los malos.

Antronio: Pues aún con todo eso que decís, creo yo que tendréis por bueno que todos los cristianos recen el Pater Noster, y que para esto se les declare muy bien.

Arzobispo: Mirad si tengo, y aún por rebueno; pero después que hayan sabido lo que he dicho, que es más principal y que más les conviene saber. Pues para que su oración sea agradable a Dios, es menester que pasen por lo que hemos dicho; y entonces está muy bien que sepan hacer oración; y asimismo está bien que sepan lo que oran, y por esto es menester que en breves palabras se les declare, como decís, el Pater Noster de manera que sepan lo uno y lo otro, quiero decir, la oración y la declaración de ella.

La oración del Pater Noster

Antronio: Cuanto que en eso yo digo que tenéis mucha razón; pero, dad acá, decidnos cómo os parece que se debe decir esa breve declaración.

Arzobispo: Os la diré como Dios me la diere a entender. Plegue a Dios que sea tan a propósito que vosotros y yo quedemos contentos y satisfechos.

Antronio: No puede ser sino que nos contente y satisfaga lo que vos dijereis.

Arzobispo: Pues con esa confianza digo que es bien que todos sepan y sientan del Pater Noster de esta manera:
Cuanto a lo primero, debe todo cristiano saber que esta oración la compuso nuestro Redentor, Jesucristo. Y así fue, que llegándose a él sus discípulos, le pidieron que les enseñase a orar. Luego El, después de haberles dicho que cuando orasen no multiplicasen palabras, les enseñó esta oración, y por esta causa debe ser tenida en mucho más que todas juntas cuantas están escritas. En esta oración nos enseña Jesucristo, nuestro señor, cómo hemos de orar. Y la manera de la oración nos enseña que debe ser breve en palabras, pero prolija en sentencia; y esta tal es oración de cristianos. A más de esto, debe la oración ser más en espíritu que en palabras; pues tenemos ya el tiempo que dijo Jesucristo que vendría, cuando los verdaderos adoradores habían de adorar a su Eterno Padre en espíritu y en verdad; porque con estos tales adoradores, dice él, que se huelga su Eterno Padre celestial.
Es asimismo menester que la oración se diga con mucha atención y con grandísimo fervor, con entera y firme fe, y

con continua perseverancia y, en fin, con entero conocimiento de Dios y de nosotros mismos. Veis aquí, brevemente, cómo debe todo cristiano orar.

También se nos muestra lo que hemos de orar, tomando toda la oración, que es no más de aquello que pertenece para gloria de Dios, y salud de nuestras almas, y de la de nuestros prójimos.

Dicho esto, es bien que digamos qué es lo que cualquier cristiano debe considerar cuando reza esta oración; y así, con esta consideración, quedara declarada de la manera que vosotros la debéis enseñar, porque de la misma tengo yo ordenado se enseñe. Habéis de saber que toda esta oración se parte en siete peticiones, las cuales señalaremos como fuéremos diciendo. Así que cuando el cristiano dice:

Padre, después de haber considerado la suma benignidad de Dios, con que huelga que le llamen padre sus enemigos que cada día delante de su acatamiento le ofenden, es menester que considere si sus obras son como de verdadero hijo; y si no las hallare tales, se confunda y humille delante de Dios y conozca su poquedad y miseria. Cuando dice nuestro, acuérdese que por esta palabra muestra que todos los que llaman este mismo nombre, y lo pueden llamar, son sus hermanos; y luego escudriñe bien si hace con todos ellos obras como de hermano, y si como a tales de entero corazón los ama. Cuando en esto se hallare defectuoso, con vivas lágrimas, no sólo de los ojos, sino del corazón, pida a Dios le dé espíritu de amor con que ame a sus hermanos.

Cuando dijere: Que estás en los cielos, acuérdese del destierro en que está, y suspire muy de veras por ir a aquella su patria celestial a gozar de la visión deleitable del Eterno y Soberano Dios, a donde la alegría y el descanso es perfecto y entero, pues se goza sin miedo de perderse; del cual gozo, aun acá en el mundo, da Dios al alma ciertos gustos para que, enamorada con la suavidad de ellos, menosprecie todas las cosas de este mundo y tenga por mentirosos y vanos sus placeres y deleites.

Cuando viniere a decir, Santificado sea el tu nombre, considere que lo que aquí pide a Dios es que no permita que él ni nadie piense, diga, haga, tenga, ni proponga sino aquello que se endereza a la gloria de Dios, y que en todas las cosas, mediante su gracia, tenga respeto a su amor y temor, porque de esta manera es santificado el nombre de Dios, cuando nosotros nos hacernos santos.

Esta es la primera petición, y lo voy diciendo lo más brevemente que puedo, porque para que mejor se les quede a todos en la memoria, es menester que así, en pocas palabras, se declare muchas veces al pueblo, y principalmente a los niños.

Eusebio: Paréceme lo mejor del mundo el orden que lleváis; y pues que así es, proseguid, señor, adelante.

Arzobispo: Soy contento; pero es menester que estéis muy atento; pues porque no puede ser el nombre de Dios santificado, si el espíritu no mora y reina en nuestras almas, por eso se sigue luego la segunda petición, en la cual pedimos de esta manera: Venga el tu reino. Donde conviene que sepa todo cristiano que lo que con estas palabras pide, es que libre Dios a todos los hombres de la crudelísima tiranía que sobre todos tiene el demonio, y el mundo, y la carne, con la cual los traen a lo que quieren, y aun muchas veces como de los cabellos; y que asimismo quiera que su espíritu reine y sea absoluto señor de todos nosotros.

Es también menester que sepan que este reino de Dios, en nuestras almas, no es otra cosa sino una voluntaria sujeción y obediencia entera al mismo Dios, y una verdadera paz, un maravilloso descanso y un perfecto contentamiento. Sepan también que la causa para que esto piden a Dios, es para que, rota la tiranía del demonio, y lanzado muy lejos el pecado, su alma quede libre y agradable delante de su majestad, y así sea templo vivo de Dios, y no reine en ella sino sólo Dios, de manera que, por obediencia exterior e interior, sea reino donde reine Dios. Es ésta una grandísima verdad; que si alcanzásemos a conocer cuán grande, y de cuánto valor es el bien que el alma tiene, cuando tiene a Dios por rey y señor, diríamos con tan ardiente deseo y con tan grandísimo fervor estas palabras, que se nos rasgarían las entrañas y se nos rompería el corazón, deseando el cumplimiento de ellas. Por amor de un solo Dios os encomiendo, padre cura, que encomendéis muy ahincadamente a todos que miren mucho en esto, porque les va la vida, y mucho más que la vida, en ello.

Así que, porque no reina Dios en nuestras almas, sino cuando le son muy obedientes interior y exteriormente, y para alcanzar este reino, es menester hacer la voluntad de Dios. Por eso nos enseñó Jesucristo, Dios y señor nuestro, que en la tercera petición dijésemos de esta manera: Hágase tu voluntad en la tierra, así como se hace en el cielo.

Aquí conviene que considere el cristiano que, porque de su naturaleza propia es inclinado a mal y a ser desobediente a Dios, y así le pesa cuando le corrige y castiga, por eso pide a Dios le dé su gracia para que de buena voluntad consienta que se cumpla en él la voluntad de Dios, como si le dijese: «Padre eterno, puesto caso que mi sensible carne se sienta, no curéis, sino haced lo que hacéis. Dadme el castigo que quisiereis, ¡cumplid vuestra voluntad y no la mía!, la cual en ninguna manera quiero que se cumpla, pues siempre es contraria a la vuestra, la cual sola es buena —así como sólo vos sois bueno—, y la mía es siempre mala, aun cuando me parece muy buena».

Eusebio: Sé que no es esa cosa solamente donde debemos desear que se cumpla la voluntad de Dios.

Arzobispo: Así es la verdad; pero díjeos primero esto porque es cosa en que más se nos hace recia de sufrir la voluntad de Dios, y porque el que obedeciera a Dios en esto, muy bien le podrá obedecer en lo demás.

Así que el cristiano pide aquí que absolutamente se cumpla en todas las cosas la voluntad de Dios acá en la tierra, así como se cumple en el cielo, donde todos son obedientes a Dios; y esto con mucha alegría y entera voluntad, porque tienen la suya conformada con la de Dios; de manera que el que muy de veras dice las palabras de esta petición y desea el cumplimiento de ellas, de la manera que os tengo dicho, yo os prometo que no hace poco.

Antronio: Cuanto a mí, bien me parece que las rezo de veras.

Arzobispo: Yo lo creo bien, pero no sé si las sentís tan de veras como decís que las rezáis.

Pues, tornando a nuestro propósito: porque tener los hombres esta entera y firme conformidad con la voluntad de Dios, es cosa que sobrepuja las fuerzas humanas, nos aconsejó nuestro Dios que la cuarta petición la dijésemos de esta manera: Nuestro pan, el de cada día, dánoslo hoy.

Cuando dice el cristiano estas palabras mire bien que lo que aquí pide es gracia para poder cumplir la voluntad de Dios, que es pan espiritual que sustenta y da vida a nuestras almas. Este pan es la gracia del Espíritu Santo, sin la cual ni un solo momento pueden ser agradables nuestras almas delante de Dios, de que el alma maravillosamente se mantiene. Y cuando, mediante este pan, tuvieren nuestras almas impresa en sí la imagen de Jesucristo, el cual es verdadero y celestial pan, podrán enteramente y con mucha alegría romper y quebrar en todo sus voluntades y sentirán asimismo, por dulce y sabrosa, cualquier persecución que Dios les enviare. Debe, en fin, el cristiano pedir a Dios en esta petición que nos envíe verdaderos y santos doctores que repartan al pueblo cristiano el pan de la doctrina evangélica, limpio y claro, y no depravado ni sucio, con opiniones y afectos humanos, de lo cual ya veis cuán grandísima es la necesidad que hay.

Eusebio: Es tan grande, que no puede ser mayor. Y pues tan bien lo decís, no quiero atajaros, sino proseguid adelante, que me contenta en extremo el orden que lleváis.

Arzobispo: Porque este celestial pan no conviene se dé, ni se puede dar, a los perros, que son los que están sucios con pecados, por eso, para limpiarnos de ellos, nos amonesta la quinta petición que digamos: Perdónanos nuestras deudas, así como nosotros perdonamos también a nuestros deudores, en la cual debe todo cristiano mirar mucho; pues lo que aquí pide debe ser con muy entero conocimiento de sus culpas y defectos, los cuales pide a Dios le perdone; para que, libre de ellos, pueda sentarse a la mesa de los hijos de Dios y comer de este pan celestial del cual no comen sino sólo aquellos a quienes Dios ha perdonado sus pecados y ha aceptado por suyos.

Y porque sin este mandamiento no pueden nuestras almas libremente caminar, por las fatigas de este mundo; y éste no se da sino a los que Dios acepta por suyos, y no acepta él sino a los que perdona; y porque en todas hay que perdonar, por muy santos que seamos; por eso es menester que cada día le digamos que nos perdone, y que, juntamente con decírselo, conozcamos que tenemos algo que nos perdone. Y es menester se sepa aquí otra cosa: que no por eso somos dignos que Dios nos perdone nuestros pecados, porque nosotros perdonamos a nuestros deudores; quiero decir, a los que nos ofenden, sino que, porque Dios quiso perdonarnos por su inmensa bondad y misericordia con esta condición, por eso somos perdonados. De manera que es menester, para que Dios nos perdone, que perdonemos nosotros a nuestros prójimos, pero que no pensemos que por eso nos perdona Dios, porque nosotros perdonamos, porque esto sería atribuir a nosotros lo que debemos atribuir a sólo Dios. Conozco yo algunos que, presumiendo de muy santos y sabios, dicen cuando están enemistados con alguno, y no le quieren perdonar, que no dicen ellos esta parte del Pater Noster, sino que se la pasan. ¿Visteis en vuestra vida mayor bobería y necedad? No temen de llamar a Dios, Padre, siendo hijos de Satanás; y quieren y piden el pan celestial, el cual no se da sino a los limpios de corazón; y temen de pedir a Dios que les perdone, porque no les demande el cumplimiento de la condición que piden.

Antronio: Por mi salud, que yo hacía eso todas las veces que estaba mal con alguno de mis compañeros; y aun no pensaba que hacía poco en ello.

Arzobispo: Pues catad que no lo hagáis de aquí adelante.

Antronio: Soy contento; pero ¿os parece que será mejor dejar de decir el Pater Noster todo, que sola esta parte?

Arzobispo: Sí, por evitar esta superstición nueva. Si no queréis dejar la ira que tenéis contra vuestro hermano, con condición que no dejéis de rogar a Dios os dé su gracia, para que con ella os hagáis fuerza a vos mismo, y la dejéis; aunque mucho mejor sería que dejaseis la ira y lo perdonaseis, y así diríais bien toda vuestra oración.

Antronio: ¿Y si no está en mi mano, ni la puedo dejar?

Arzobispo: Si a vos os pesa de no poder quitar de vos el rencor que tenéis contra él, ya entonces podéis decir toda la oración y rogar a Dios que ayude a vuestra buena voluntad; y que pues os dio gracia para que quisieseis el bien, os la dé para que lo pongáis en efecto.

Antronio: Así viva yo, que me habéis dado la vida en decirme esto, porque me aprovecharé de ello para mí y para otros.

Arzobispo: Así lo quiera Dios. Ahora estad atentos y proseguiremos lo demás. Ya que hemos pedido a Dios que nos perdone; porque la perseverancia en el bien es la que es coronada, y ésta jamás la podemos tener de nuestra cosecha; porque naturalmente somos inconstantes, y de poca fe y confianza, y muy ligeramente caemos en tentaciones. Por eso la sexta petición nos dice que digamos: No consientas que seamos derribados ni vencidos en la tentación.

Cuando el cristiano dice estas palabras conviene que, para alcanzar con ellas el efecto para que se dicen, conozca la flaqueza grandísima de sus fuerzas, y asimismo la mucha fuerza y diversidad de las tentaciones con que el demonio, el mundo y la carne nos tientan; y así, con este conocimiento, considere que lo que pide a Dios en esta petición es que lo conserve y tenga de su mano, y no consienta que jamás sea vencido de tentación alguna, ni torpe a pecar, sino que le dé gracia de perseverancia con que varonilmente pueda pelear hasta la muerte. Pues, porque conocemos que Dios es justo, y que, por tanto, es menester que por nuestros pecados nos castigue y que nosotros suframos el castigo, pues nuestra maldad, que es pecado que reina en nuestros miembros, es el que da la causa para ello.

Por eso se sigue luego la última petición, que nos aconseja digamos: Líbranos del mal.

Aquí conviene que el cristiano, teniendo el conocimiento que tengo dicho, haga mucho hincapié y considere que, lo que ruega aquí a Dios es que, porque este mal, que en nuestra carne mora, es el que causa que seamos tentados, y caigamos en la tentación, y seamos por ella castigados, por eso él, con su suma potencia, lo libre de este mal, para que, libre de todos males y pecados, sea juntamente con los amadores de Jesucristo, santificador del nombre de Dios; sea también reino de Dios; cumpla en todas las cosas la voluntad de Dios; y coma y se sustente con el pan de cada día de la gracia del Espíritu Santo; y jamás more en él pecado que luego no le sea perdonado. Y asimismo no sea vencido de las tentaciones de que no podemos del todo ser libres mientras que en este mundo vivimos.

Eusebio: Esa me parece una muy nueva manera de declaración.

Arzobispo: No es tan nueva como pensáis, y a mi parecer es mejor que todas las que he leído, y más a propósito.

Eusebio: ¿En qué se lo veis?

Arzobispo: Yo os diré; y para que los veáis mejor, os diré primero otras dos declaraciones. La una es que quiera esto decir, líbranos de todo mal; y aquí los teólogos hacen sus distinciones, diciendo que no es del mal de la pena, sino del mal de la culpa. En esto no me quiero entrometer; pero, según dicen los que saben griego, que es la lengua en que los evangelistas escribieron, es fuera de propósito esta declaración y distinción, y por esta causa, Erasmo, en su traducción del Testamento Nuevo, dice líbranos de aquel malo, entendiendo del demonio. Y esta es la segunda declaración. Entrambas, a mi ver, son santas y buenas; pero a mi juicio, la que yo os he dicho, viene más a propósito; porque de otra manera parece que no pedimos más en esta petición que en la pasada.

Eusebio: ¿De qué manera?

Arzobispo: El que pide a Dios que lo libre y guarde que no caiga en tentaciones, ¿no os parece que juntamente le pide que lo libre del demonio?

Eusebio: Sí, sin duda.

Arzobispo: Pues lo mismo diríais de la otra declaración.

Antronio: No curéis, señor, por vuestra vida, de hablar más en esto. Yo estoy bien satisfecho con lo que decís. No curéis de más réplicas.

Arzobispo: Yo haré lo que decís, y concluyendo digo que viene muy a propósito que, después que hemos pedido a Dios, en la petición pasada, que no permita que seamos derrocados en la tentación, le pidamos en ésta que nos libre del mal que acarrea la tentación, que es aquella mala inclinación que del pecado de nuestros primeros padres nos vino.

Eusebio: Yo os certifico que, aunque he replicado en esta declaración, que me ha en extremo contentado.

Arzobispo: Está bien. La conclusión sea que lo que decimos Amén, es una manera de confirmación y absoluta petición de todo lo ya dicho. Es además de esto necesario, si queremos conseguir el fruto de esta petición, que traigamos a nuestra memoria, que Jesucristo nos enseñó esta manera de orar; y también que él mismo prometió de otorgarnos lo que le pidiésemos, si se lo supiésemos pedir; y que, pensando en esto, tengamos firmísima esperanza que nos dará y concederá Dios, por cumplir su palabra, lo que por esta oración le pedimos.

Antronio: Veamos; ¿y si yo no puedo creer que Dios me ha de oír?

Arzobispo: Haced lo que hizo aquel que trajo su hijo endemoniado a Jesucristo, que diciéndole Jesucristo: «Si puedes creer, todas las cosas son posibles al que cree»; él respondió: «señor, yo creo, mas tú ayuda y favorece a mi incredulidad y poca fe».

Eusebio: Así viva yo, que le habéis respondido gentilmente, y nos habéis declarado harto bien el Pater Noster. Yo os prometo que el que todas estas consideraciones hiciese, todas las veces que las rezase, edificaría harto su alma.

Antronio: Así es verdad. Pero ¿cómo podría cumplir con los Pater nosters, y Avemarías que nos mandan que recemos, a los que somos ordenados, y aun a los que no lo son, el que hubiese de considerar en cada un Pater Noster todo eso?

Pues aun en todo un día no podría acabar uno, y también los seglares que tienen devoción de rezar sus rosarios, y sus coronas, y otras cosas semejantes.

Arzobispo: Esta pregunta ya nos veis que es fuera de propósito.

Antronio: Sí veo, sin duda ninguna; y esto no lo dije sino por ver qué diríais. Pero pues ya yo tengo muy determinado de hacer lo que me dijereis; y pues asimismo yo os tengo de dar crédito en todo, os suplico me declaréis el Ave María y la Salve Regina de la misma manera que habéis declarado el Pater Noster, porque soy en extremo devoto de Nuestra Señora.

Arzobispo: Esas son cosas que ninguna necesidad tienen de declaración, más que entender el latín de ellas; así que, para vos que lo entendéis esto os basta. Para los demás hacedlas trasladar en romance, y haced que en romance las aprendan; y esto también les bastará.

Cuando a la devoción que decís tenéis con Nuestra Señora, yo lo tengo por muy bueno; y en este caso no os querría dar la ventaja; pero no querría que hicieseis como muchos que yo conozco hacen, que por una parte se tienen y precian de devotos de Nuestra Señora, y por otra son mortales enemigos de Nuestra Señora.

Antronio: ¿Cómo es eso?

Arzobispo: Yo os lo diré. Conozco yo muchas personas que andan envueltas en mil cuentos de vicios, y ni por pensamiento muestran en sí otra señal de cristianos, sino decir que son devotos de Nuestra Señora; y con la confianza que ponen en esta su devoción, piensan que les es lícito hacer las bellaquerías que hacen. Y por esto suelo yo decir muchas veces que, los que peor sienten de Nuestra Señora, son los que tienen estas devociones de este arte, porque los que sienten bien de Nuestra Señora, y le son verdaderamente devotos, procuran, en cuanto pueden, imitar la humildad de Nuestra Señora, su castidad, su caridad y su honestidad. Pues con esto se honra ella más que con hacerle decir muchas misas, ni rezarle muchas oraciones, ni ayunarle muchos días, puesto que esto todo es bueno. Donosa bobería es, que siendo yo vicioso, me tenga por devoto de Nuestra Señora, porque le rezo no sé qué oraciones, y le ayuno no sé qué días; a fe que es esta una burlería y abominación la mayor del mundo.

Antronio: Según eso que decís, no creo que habéis visto un libro de los milagros que Nuestra Señora ha hecho, por personas que tenían con ella la misma manera de devoción que habéis respondido.

Arzobispo: Sí, he visto y he leído buena parte de él; y cuando pienso en la ocasión que aquel librillo da a algunos necios, para que sean viciosos, no puedo decir, sino que mal viaje haga quien lo escribió y el primero que lo imprimió.

Antronio: ¿Por qué decís eso?

Arzobispo: Porque una cosa tan contraria a la doctrina evangélica, no se había de permitir entre cristianos.

Antronio: ¿En qué halláis vos que es contraria a la doctrina evangélica?

Arzobispo: Yo os lo diré. San Pablo dice, aparte de otras muchas cosas a este propósito, que en otras partes los evangelistas, y también él dice que ni el lujurioso, ni el avariento, ni el que está envuelto en pecados, entrará en el reino de Dios. Y vuestro librito cuenta de muchos que tenían esto todo que el Apóstol dice; y otras muchas cosas más y más feas; y que cuando moría, alguno de ellos, porque se halló que rezaba cada día el Ave María, se fue al cielo. ¿Visteis más donosa manera de devoción?

Antronio: Así Dios me salve, que tenéis grandísima razón; y yo nunca había caído en la cuenta de lo que decís.

Arzobispo: Decidme, por vuestra vida; el que leyere esto, u otra cosa semejante, de las cuales hay muchas, y lo creyere ¿no os parece que con rezar él otra Ave María, pensará que le es lícito ser cuán grandísimo bellaco quisiere?

Antronio: Sí, por cierto; y aún quizá soy yo buen testigo de algo de lo que decís.

Arzobispo: Yo, por mi fe, no sé qué conciencia les basta a los obispos y prelados, para pasarse sin ver esto; y si lo ven, yo no sé por qué no lo remedian.

Eusebio: Pues veamos, ¿por qué vos, pues sois prelado, no remediáis vuestra parte?

Arzobispo: Porque he tenido hasta ahora tanto que hacer en otras cosas, que no he podido entender en esto; pero dejadme el cargo que vos veréis lo que yo hago con ese librillo y otros semejantes.

Y, dejado aparte esto, sabed, padre cura, que la devoción, para que sea buena, debe empezar de Dios. Así que lo primero que debería todo hombre procurar, es alcanzar ésta y después procurar las demás, porque el que no lo hace así, creedme que se queda anegado en la mar de los vicios, porque no tiene remos de fe, ni espíritu y lumbre de caridad, que lo saque al puerto.

Antronio: Por mí se puede decir que fui por lana y vuelvo trasquilado, y aun a cruces. Quíseme alabar de devoto, pensando que por ello ganaría algún crédito con vos, y salióme al revés. Paréceme que sois tan de veras amigo de Dios, que no os contenta sino sólo aquello que está perfecto y bien fundado en sólo Dios.

Arzobispo: Verdaderamente yo no sé a quién puede contentar devoción ninguna, si no ve que derechamente está enderezada y fundada en sólo Dios.

Antronio: ¡Ahora sus!; yo quedo en esto bien satisfecho, y quiero que me digáis lo que al principio prometisteis, me diríais.

Arzobispo: ¿Qué es ello?

Antronio: Cuando dijisteis que querríais que a todos los cristianos se diese una noticia de la Sagrada Escritura en un brevecito compendio, dijisteis también que nos diríais la manera cómo querríais que fuese esto.

Arzobispo: Vos decís muy gran verdad; que yo os prometí antes eso, y ahora estoy aparejado para cumplir mi promesa.

Antronio: Verdaderamente vos habláis como quien sois, y pues así es, primero quiero que me digáis a qué propósito querríais que se les dijese eso.

Arzobispo: A propósito que embebiesen en sus tiernecitos ánimos estas cosas sagradas, que en sí son santas y buenas, y nos traen en conocimiento de Dios, para que el ánimo del niño, fundado con tales cimientos, no pudiese ligeramente caer de su inocencia, enamorándose en cierta manera de la ley de Dios, por lo que de él oyese decir; y aborreciese asimismo la tiranía del demonio, como mala, perversa y perniciosa.

Sacaría también otro provecho, y es que, ocupados en estas cosas, tomarían sabor en ellas; y así, tomando este ejercicio, dejarían el que ahora muchos tienen en no sé qué libros: unos que los aficionan a no ser cristianos, sino mundanos, vanos y viciosos; y otros, que les aficionan a una cristiandad más ceremoniática que verdadera. A lo menos yo os prometo de mirar ya bien, qué libros son los que mis feligreses leen, porque, como os dije, tales ánimos cobramos cuales son los libros en que nos ejercitamos.

Antronio: Muy bien lo decís y así creo que lo haréis. Entre tanto, por vuestra vida, señor, que nos digáis, cómo querríais que se dijese ese discurso, o como le llamáis, de la Sagrada Escritura. Y querría lo dijeseis de la misma manera como querríais se dijese a todos.

Arzobispo: Todo lo haré a vuestra voluntad. Sería bien, a mi parecer, se les dijese de esta manera.

Pues que por la bondad de Dios, hermanos míos, somos cristianos, y el principal y más continuo ejercicio del cristiano debe ser en la ley de Dios, que se contiene en la Sagrada Escritura —porque sola ésta es la que nos declara la voluntad de Dios y sola ésta, sin faltar una letra es escrita por el Espíritu Santo; y a sola ésta, sobre todas cuantas escrituras hay en el mundo, somos obligados a creer todas las cosas que nos dijere, sin faltar ninguna—, os quiero decir brevemente lo que en ella se contiene sin especificar particularidades ningunas, porque éstas, cuando Dios quiera que seáis mayores, vosotros os las leeréis.

Así que es menester que estéis atentos, pues lo que aquí habéis de oír, es todo sacado de lo que enseñó y dictó, no algún sabio hombre, sino el mismo Espíritu Santo; ni son tampoco nuevas de las Indias, o de Siria, sino venidas de allá del alto cielo.

Y puesto esto es así, estad atentos y sabed que tenemos un Dios el cual es sumamente bueno, y la misma bondad; sumamente poderoso, y la misma omnipotencia; el cual, así como nunca tuvo principio, así jamás ha de tener fin.

Este, con su eternal sabiduría, crió de la nada todas las cosas, y esto muy fácilmente, porque su querer es hacer; y así, en queriendo que se hiciesen fueron hechas. De esta manera crió el cielo y la tierra y todo cuanto en ellos está; lo cual todo de continuo sustenta con su virtud, porque todo perecería si él no lo sustentase.

Crió asimismo los espíritus angélicos para que, como sus ministros, siempre estuviesen delante de su majestad. Entre éstos hubo uno que era entre ellos más excelente, al cual llamamos Lucifer. Este, movido con loca y temeraria presunción, quiso poner su silla cabe el muy alto Dios, y ser semejante a El; y en pena de su loco y desvariado atrevimiento echó Dios de allá del cielo a él y a los otros ángeles que fueron participantes en aquella maldad y atrevimiento; y los puso a donde, para siempre jamás tendrían grandísimos tormentos y trabajos.

Hecho esto, viendo Dios que aquellas sillas que los ángeles malos habían perdido estaban vacías, quiso criar el linaje humano, para que las poseyesen aquellos que le fuesen obedientes; las cuales porque habían sido primero perdidas por soberbia, quiso se ganasen por humildad; y así, de un poco de tierra, formó al hombre primero, y diole espíritu de vida, y a éste llamó Adán, que quiere decir hombre; y luego, haciendo que se durmiese Adán, le tomó una costilla, de la cual formó una mujer, y llamóla Eva.

Estos dos fueron criados en estado de inocencia, y fueron puestos en el paraíso terrenal, que era un huerto a maravilla deleitoso, a los cuales mandó Dios comiesen la fruta de cualesquier árboles que quisiesen; pero de un árbol que estaba en medio del Paraíso —el cual se llamaba el de la ciencia del bien y del mal— no comiesen.

Luego el ángel malo, viendo que Dios había criado aquellos hombres para que gozasen de lo que él y sus secuaces habían perdido, movido por envidia, acordó de engañarlos y hacerles que fuesen desobedientes a Dios, para que Dios los castigase como había hecho a él. Y así, en figura de serpiente, con falsas y engañosas palabras, hizo a Eva, que comiese de la fruta del árbol que Dios les había mandado que no comiesen; y luego que ella hubo comido, dio de ella a su marido Adán, para que comiese, el cual asimismo comió. Y por esta desobediencia y poca fe, que tuvieron en creer más al demonio que a Dios, perdieron el estado de la inocencia, y fueron echados del paraíso terrenal; y por el mismo caso, todos los que de estos dos nacemos, somos concebidos y nacidos en pecado, y quedamos hijos de ira y de maldición, sujetos a mil malas inclinaciones, a mil trabajos y fatigas, y en fin, a pena eterna.

Pero como nuestro Dios es tan misericordioso, aun al tiempo que les daba el castigo de la culpa, les dio esperanza del remedio de ella, diciendo al demonio que, de la mujer que había engañado, había de nacer quien le rompiese a él la cabeza, y cobrase lo que la mujer había perdido. Esto dijo él por su único hijo Jesucristo, Dios y señor nuestro.

Esto hecho, ya la malicia empezaba a reinar en los hombres, y así fue que Caín, hijo de Adán y Eva, mató por envidia a su hermano Abel; y como iba multiplicándose la generación humana, iba también creciendo la maldad; tanto que, desde algunos años, enojado Dios de los pecados de los hombres, acordó destruir el mundo por agua; y no hallando en todo él sino sólo un hombre justo, el cual se llamaba Noé, mandó a éste que hiciese un arca, en que se salvase él y los de su casa que en el arca metiese, y él hízolo así. Y luego envió Dios tan grandísimo diluvio en el mundo, que duró cuarenta días y cuarenta noches continuas. Y las aguas subieron quince codos sobre el más alto monte del mundo, y así fue todo destruido; y solamente se salvaron en el arca, que por mandato de Dios habían hecho, Noé y su mujer, y sus tres hijos con sus mujeres; y asimismo los animales que por mandato de Dios había metido Noé consigo.

Estos, pues, empezaron a multiplicar el mundo. Luego no faltaron unos malos gigantes que movidos con presunción, quisieron edificar una cierta torre, a los cuales Dios destruyó, y derribó la torre, y a ellos esparció por todas las partes del mundo.

En este tiempo sacó Dios de su tierra, y de entre sus parientes, un varón justo y santo, que se llamaba Abraham y llevólo a Palestina. A éste hizo Dios muy grandes promesas; el cual todas las creyó; y por esta causa su fe es muy alabada en la Sagrada Escritura.

Este tuvo un hijo; no menos bueno y amigo de Dios que su padre, al cual asimismo largamente favoreció Dios. Este se llamó Isaac, y tuvo un hijo que fue llamado primero Jacob; y después, en una lucha que con un ángel tuvo, le fue mudado el nombre y llamáronle Israel, de donde después los del pueblo de los judíos se llamaron israelitas.

Este tuvo doce hijos, entre los cuales tuvo uno que se llamaba José, al cual el padre favorecía y quería más que a todos; y por esta causa, movidos con envidia los otros, se juntaron contra él y lo vendieron a unos que iban a Egipto; al cual dio Dios tan buena dicha y tanta prosperidad en Egipto, que en pocos años fue el principal de la casa del rey Faraón que era señor de aquella tierra.

Y aconteció que vino una grandísima hambre en la tierra donde Jacob y su padre y los otros sus hijos moraban, y el padre envió a los hijos a Egipto a comprar trigo, los cuales conocieron a su hermano José, que ellos habían vendido. El cual, usó de tanta misericordia con ellos, que, haciéndoles mucha honra, les mandó que volviesen por su padre y toda su familia y se viniesen a aquella tierra, donde él les daría largamente lo que hubiesen menester. Ellos lo hicieron así, de manera que vinieron Jacob y sus hijos y familia a morar en aquella tierra, donde murió Jacob, y dejó doce hijos, de los cuales tomaron nombre las doce tribus de Israel. El uno de ellos se llamaba Judá, de donde tomaron nombre los judíos. Todos éstos se salvaban en fe de Jesucristo, que esperaban había de venir a redimirlos; así como nosotros en fe del mismo que ya vino.

Así que, mientras vivió José, el pueblo de Israel fue muy favorecido y bien tratado en tierra de Egipto; pero muerto él y muerto el rey que le quería bien, empezaron los reyes de Egipto a afligir aquel pueblo de Dios por algunos años, y tanto cuanto más se aumentaba por virtud de Dios, tanto más los de Egipto, como ministros de maldad, los afligían.

Movido pues Dios con misericordia, se dolió de la fatiga de su pueblo y envióles a Moisés, varón santo y justo, para que los sacase de aquel cautiverio; y después de haber afligido Dios toda la tierra de Egipto con grandísimas y crudelísimas plagas que les envió porque el corazón del rey Faraón estaba endurecido, y no los quería dejar ir; al fin un día, por mandato de Dios, fingieron los israelitas que hacían unas bodas y cada una pidió a su vecina prestadas muchas joyas de oro y plata, y a la noche, secretamente, sin que los egipcios lo sintiesen, se salieron huyendo. Y era tan grandísimo el amor que Dios tenía a este pueblo, y el favor que le daba —aunque malo y desobediente—, que les dio una columna de fuego, que de noche les alumbrase por el camino; y dioles asimismo una nube, que de día les quitase el calor del Sol. Y abrió el mar bermejo, para que a pie enjuto pasasen por él; y en el mismo mar ahogó al rey Faraón, y a todos los egipcios que iban tras ellos.

Todos estos favores les hizo por mano de Moisés y de Arón, su hermano; el uno de ellos era caudillo, y el otro sa-

cerdote mayor. Aparte de esto, aunque los de este pueblo is-
raelita, como malos y desagradecidos, siempre blasfemaban
y murmuraban contra Dios, mientras que caminaban por
el desierto hacia la tierra que Dios les había prometido, que
era Palestina; faltándoles agua, maravillosamente se la dio;
y faltándoles qué comer, les envió del cielo codornices y un
maná suavísimo y sabrosísimo, más excelente que cuantos
manjares hay en el mundo. Y viendo que ni aun con todos
estos regalos los podía atraer a que le amasen, sin que luego
se volviesen a adorar ídolos, acordó de darles una ley, toda
llena de ceremonias, en que se ocupasen; no porque El, siendo como es espíritu, se holgase ni contentase con aquellos
tabernáculos y altares, ni con aquella multitud de sacrificios;
sino se la dio por tenerlos impedidos y ocupados en aquellas
cosas, hasta que se cumpliese el tiempo en que El, en su
eternal sabiduría, tenía determinado de enviar a su propio
hijo al mundo, hecho hombre, como muchas veces lo había
prometido.

Dioles asimismo, en el Monte Sinaí, los diez mandamientos que nosotros ahora guardamos, y otros muchos que sería largo de decir. Mientras que en estas tierras anduvieron,
les dio Dios grandes victorias contra sus enemigos; y antes
que entrasen en la tierra que les había prometido, muerto
Moisés, les dio por caudillo a Josué, por el cual asimismo
hizo Dios grandes maravillas. Este pasó a pie enjuto el pueblo de Israel y el Arca del testamento por el río Jordán, y
lo puso en la tierra que buscaban. Por intercesión de estos
caudillos no destruyó Dios muchas veces aquel pueblo malo
y desobediente, a lo cual, con su poca y mucha maldad, le
provocaban.

Muerto Josué, gobernaron este pueblo Jueces por espacio
de quinientos y cincuenta y cinco años; en el cual tiempo
tuvieron continuas guerras; y siempre que obedecían lo que

Dios les mandaba, eran vencedores; y asimismo, cuando se apartaban de la voluntad de Dios, eran miserablemente vencidos.

En este medio tiempo les enviaba Dios profetas y santos varones que los encaminasen en su ley, y a ninguno obedecían; y pensando librar mejor, pidieron a Dios les diese rey, el cual les dio a Saúl. Este los afligió y maltrató, mientras los señoreó. Luego les envió Dios por rey a David, con el cual, aunque era santísimo varón, nunca les faltó continua guerra.

Después sucedió su hijo Salomón. Este los tuvo en mucha paz y sosiego; pero muerto éste, se dividió el pueblo y, por su rebeldía y maldad, jamás les faltó a los unos ni a los otros trabajo y fatiga. Convertíanse a adorar ídolos, y siempre Dios les enviaba santos profetas que los encaminasen en bien, a los cuales ellos mataban y maltrataban.

Y después de haber pasado muchos años y reinado muchos reyes, permitió Dios que Nabucodonosor, rey de Babilonia, cautivase este su pueblo, y lo llevase a su tierra de Babilonia, después de haber destruido aquella gran ciudad de Jerusalem y un grande y rico templo que el rey Salomón había con muy gran coste edificado. En esta cautividad estuvieron algunos años, hasta que Dios tuvo misericordia de ellos y los libró y trajo a su tierra de Palestina; y ellos, poco a poco restauraron el daño de la ciudad y del templo.

En fin, cumpliéndose ya el tiempo en que Dios había prometido a este su pueblo en particular, y en general a todo el humano linaje, de librarlos del cautiverio y sujeción del demonio, y de la gran tiranía que sobre ellos tenía, con que les hacía ser desobedientes a Dios, eligió el mismo Dios una santísima doncella de la tribu de Judá y del linaje de David, la cual se llamaba María, y envió a su unigénito hijo, para que tomase de ella carne humana por obra de Espíritu Santo, y se hiciese hombre; porque, hombre, satisficiese a Dios la ofensa que el primer hombre Adán le había hecho, y cobrase asimismo para todos la gracia que por su causa todos habíamos perdido. Y abriendo las puertas del cielo, adonde hasta entonces ningún hombre había entrado, de allí adelante, todos los que con fe y amor se allegasen a él, gozasen de aquella bienaventuranza.

Fue, pues, el hijo de Dios concebido por obra del Espíritu Santo, siendo para ello el mensajero el ángel San Gabriel. Quiso nacer de mujer, aunque virgen y santísima, pero pobre y de bajo estado, según el mundo, y vivir en pobreza y abatimiento, por mostrarnos que es menester ganemos con humildad y mansedumbre la gracia para agradar a Dios en este mundo; y así, por la gracia, alcancemos la gloria, que es gozar para siempre de su presencia deleitable en la vida eterna.

Esto, pues, es lo que digo yo que se debería decir a todo cristiano; y aunque lo he dicho lo más brevemente que he podido, creo que he sido prolijo, y por no serlo más, he pasado así tan brevemente por los misterios del Testamento Nuevo, los cuales también es menester se especifiquen muy largamente.

Antronio: Por cierto a mí me ha parecido todo en extremo bien, y me he holgado mucho de oíros; porque aunque casi todas las cosas que habéis dicho me sabía yo, de oírlas en sermones, no las sabia así por tan buen concierto, ni tan asidas unas de otras. Bendito sea Dios que dotó vuestra alma de tal y tan alta sabiduría.

Eusebio: Ahora tornadnos a decir, ¿para qué otro efecto querríais que a todos los cristianos se dijese esto?

Arzobispo: Para que, viendo los hombres lo que Dios ha hecho con el linaje humano; y la paciencia con que tanto tiempo lo ha sufrido y sufre, se animen a amarlo más y más; y también para que, viendo las mercedes y favores que a aquel pueblo de Israel hizo, siéndole siempre rebelde, aprendan a tener entera confianza en él, que asimismo los favorecerá y conservará, si todos, y del todo, se dieren a él, y con mucha confianza se pusieren en sus manos.

Eusebio: Bien se me figuró a mí que antes se os olvidó de decir esto que ahora habéis dicho; y por esto os lo pregunté.

Antronio: Cuanto que a mí, todo se me hace tan nuevo que ninguna cosa echo de menos. Por las órdenes que recibí, vos solo bastáis para convertir medio mundo con vuestra sabiduría, discreción y santidad. Yo os prometo de decirlo de la misma manera que lo habéis dicho a mis feligreses, porque, según vos sois, bien sé que no se os hará de mal de mandármelo escribir todo así como lo habéis dicho.

Arzobispo: Antes no holgaré de cosa más; porque si yo algo soy o valgo, más lo querría emplear en provecho de mis prójimos que en el mío; pues sé que para esto me lo dio Dios y esto es lo que él quiere.

Antronio: No decís cosa que no sea muy buena; y pues todo lo habéis dicho a mi propósito, os suplico que me digáis, ¿qué tanto tiempo ha que empezasteis a saber y obrar esta doctrina que aquí nos habéis enseñado?

Arzobispo: Cuanto ha que tengo juicio para saber discernir entre lo bueno y lo malo.

Antronio: ¿Y quién fue el que os instruyó al principio de ello?, porque no puedo creer sino que milagrosamente os ha enseñado Dios; pues hay muchos teólogos y grandes letrados que no sabrían hablar en lo que vos habéis hablado tan puramente ni tan al propósito.

Arzobispo: Huélgome mucho que me hayáis preguntado eso, porque yo deseaba que lo supieseis Habéis de saber que mi padre tenía esta costumbre: que cada mañana en levantándose, juntaba a sus hijos, y aun a algunos de su casa en una sala; y allí, muy particularmente, les enseñaba casi todas estas cosas que yo os he dicho. Y después que nos las había dicho, nos las preguntaba a nosotros casi de la misma manera que vosotros me las habéis preguntado a mí; porque decía él, que así como el prelado está obligado a instruir en la doctrina cristiana a los de su obispado, y el cura a los de su iglesia, así también estaba él obligado a instruir a sus hijos y a los de su casa; especialmente siendo letrado, y no habiendo aprendido letras para ganar de comer con ellas, sino para edificación de su alma y de las de los de su casa.

Antronio: ¡Oh, buena vida le dé Dios a tal hombre!, ¡pluguiese a Dios, que todos los obispos y los curas hiciésemos esta consideración y tuviésemos tan santo ejercicio!

Arzobispo: Pues veis aquí; cómo yo oía estas cosas muchos días, y también las decía a mis hermanos, y como me parecían bien y las aprendía, no solamente para saberlas sino también para obrarlas, quedáronseme como veis en la memoria. A más de esto, tenía mi padre en su casa un maestro, para que mostrase a leer y escribir a mí y a mis hermanos, el cual asimismo era amigo de toda cosa buena y cristiana; y con la continua comunicación y conversación de éste, hallo que gané mucho, y que aprendí hartas cosas de las que aquí os he dicho.

Eusebio: Por cierto, es verdad que en forma he cobrado grandísima afición a vuestro padre. Dios le dé por ello el galardón; que sí creo que se lo habrá dado. Pluguiese a Dios que hubiese muchos tales como él. No oí, en mi vida, cosa mejor. Sobre la cabeza se debería poner tal persona como ésa. Dígoos que estáis harto obligado a vuestro padre, y más que si os dejara diez cuentos de renta.

Arzobispo: Eso conozco yo muy bien. Bendito sea Dios por ello, y mucho más cuando veo algunos padres que no curan de hacer a sus hijos hombres de bien, porque piensan que harto hacen en dejarles bien de comer. No vi en mi vida mayor crueldad o, por mejor decir, mayor impiedad.

Eusebio: Dígoos de verdad, que conozco a un hombre que todo su ejercicio y vigilancia pone en buscar maneras como dejar a su hijo un gran mayorazgo, y no quiere dar una miseria a un maestro que instruya al mismo hijo en buenas costumbres, y le muestre cómo ha de vivir. Yo no sé qué ceguedad diabólica es ésta, que aunque no fuese, sino porque supiese bien aprovecharse de la renta que le deja, había de procurar que fuese hombre de bien. Cuanto más que, pues se precian los hombres de cristianos, sería razón que lo fuesen ellos; e hiciesen que lo fuesen también sus hijos. Y esto no penséis que es solamente en éste que digo, que en verdad, si miráis en ello, hallaréis que de este pie cojean casi todos los ricos.

Arzobispo: Dejadme decir, y veréis cómo aún debo más de lo que pensáis a mi padre, y es esto; que como él me vio, siendo muchacho, inclinado a todo lo que parecía santo y bueno, procuró con mucha diligencia, deseando que este mi deseo antes se acrecentase que se perdiese, de ponerme en casa de aquel bienaventurado arzobispo, de quien antes os dije. El cual, como sabéis, era muy deseoso de instruir santamente a los niños, según podéis ver por algunas cosas que dejó escritas.

Antronio: Así es verdad; yo las he visto.

Arzobispo: Pues con la continua conversación que yo tuve con este santo hombre, y con ver sus costumbres y santidad, aproveché mucho en aquellas cosas que mi padre y mi maestro me habían enseñado; y aun si al presente tuviéramos más tiempo, no holgara de cosa más que de contaros algunas cosas de aquel bianventurado arzobispo. Y ellas fueron tales y tan señaladas, que cualquiera de este arzobispado que las preguntéis, os las dirá.

Eusebio: Bienaventurado vos, señor, que tal padre tuvisteis, y bienaventurado el que tuvo hijo que tan bien se supiese aprovechar de lo que él le enseñaba. Ciertamente, si en el mundo hubiese algunos tales como vuestro padre, sería menester que nosotros nos fuésemos a las Indias, pues haciendo ellos lo que nosotros debíamos hacer, no habría por qué nos diesen sus haciendas. Y si asimismo hubiese muchos maestros tales como el vuestro, no se corromperían los ánimos de los niños tan temprano como vemos que se corrompen por falta de los maestros que los tienen a cargo; y si tales prelados hubiese como el que habéis nombrado que así procurasen el bien de sus súbditos y criados, ciertamente habría otra honestidad, bondad, virtud y cristiandad que al presente hay. Pero, por nuestros pecados, los padres ruines no curan que sus hijos sean buenos, y los maestros viciosos no pueden enseñar a sus discípulos sino vicios; y de los prelados ambiciosos y avarientos no pueden los súbditos aprender sino ambición y avaricia. Esta es una regla muy cierta y verdadera.

Antronio: Vos decís muy gran verdad en todo; y quisiera que también dierais su jaque a los curas, porque me cupiera a mí mi parte; pero creo que lo dejasteis porque, por ruin que fuere el jaque, según somos, fuéramos luego mate.

De la oración y contemplación

Eusebio: Muy a mi placer habéis hablado; pero será menester que calléis ahora, para que el señor arzobispo nos diga, para mi propósito, cómo se ha en sus contemplaciones.

Arzobispo: Como se había el profeta David, y como nos dice San Pablo que nos hayamos.

Eusebio: Eso decídmelo más claro.

Arzobispo: Leed el salmo de David, que empieza: Bienaventurados los perfectos de camino (Salmo 119), y allí veréis cómo toda la contemplación y ejercicio de aquel santísimo profeta era pensar en los mandamientos y en la ley de Dios; y lo mismo hallaréis en otros muchos salmos. Pues si leéis algunas epístolas de San Pablo, en todas ellas no hallaréis otra manera de contemplación. Tened, pues, por cierto, que esta tal es la verdadera contemplación; porque de aquí toma el alma conocimiento de la suma bondad, grandeza y misericordia de Dios; de aquí viene en conocimiento de su propia poquedad y miseria. Aquí aprende qué es lo que debe hacer para con Dios, y qué para con sus prójimos, y qué para consigo mismo. No hay, en fin, bien ninguno que con esta continua contemplación no se alcance. Que esas otras imaginaciones —no sé de qué arte—, que algunos tienen por contemplaciones, yo no sé qué son, ni qué fruto sacan de ellas, sino un seco contentamiento de parecerles que han empleado bien aquel tiempo; y llámole seco porque de estas tales imaginaciones se queda el alma, que es la que ha de gozar de ellas, muy fría y seca.

Eusebio: ¿Qué libro os enseña a vos eso?

Arzobispo: La experiencia.

Eusebio: Luego, según eso, habéis usado, de semejantes contemplaciones.

Arzobispo: Sí he, por cierto; y aun no me pesa.

Eusebio: Pues las tenéis por no buenas, ¿por qué no os pesa de haberlas tenido?

Arzobispo: Por algunos respetos que yo algún día os diré, de mí a vos, cuando tengamos lugar.

Eusebio: Sea como mandareis.

Antronio: Ahora, no sé qué me diga. Yo os hallo, señor, en todo muy al contrario de todos cuantos hombres he hablado en mi vida.

Arzobispo: Con tanto que no me halléis contrario de la doctrina de Jesucristo, ni de sus Apóstoles, ni de la Iglesia católica, no me da nada. Cuanto más que hallaréis muchos que os digan lo que yo.

Eusebio: Yo no sé qué os diga; sino que también a mí me habéis mostrado a contemplar; porque os digo de verdad, que aunque yo tenía por buenas esas imaginaciones que habéis reprendido, me han convencido tanto vuestras palabras, cuanto más las miro, y hállolas tan verdaderas, que no las puedo contradecir.

Antronio: ¿Sabéis, señor, que me parece que no decís palabra que no sea muy al propósito? Y pues que así es, decidnos, por vuestra vida, en qué libros de romance tenéis por bueno que mande a mis feligreses que lean.

De las lecturas

Arzobispo: En el Libro de las epístolas y evangelios y sermones del año; aunque, para deciros verdad, ni los sermones me contentan, ni aun la traslación de lo demás está como debía estar. Y también en los Cartujanos, donde hay mucha doctrina de santos doctores; y en el Enquiridion de Erasmo; y en algunas cositas del mismo que hay en romance, así como la Declaración del Pater noster, y un Sermoncito del niño Jesús, y algunos coloquitos. También en el Contemptus mundi, que dicen de Gerson, y en las Epístolas de San Jerónimo; y también en los Morales de San Gregorio, que ahora se han impreso en romance; y asimismo en algunas cositas que hay de San Agustín.

Antronio: ¿Y no leerán en algunos libritos que hay de contemplación y otros de personas devotas?

Arzobispo: No va nada que los lean; pero no os digo yo ahora, sino los que debéis decir que tengan familiares. Y también ya os he dicho, si me habéis querido entender, que no soy nada amigo de las imaginaciones que ellos enseñan.

Antronio: Os suplico que me digáis la manera que tenéis en el leer de los libros sagrados y de varones santos.

Arzobispo: Cuando leo en algún libro de los que decís, si topo alguna cosa que mucho me agrada, pienso en mí la riqueza que en mi alma tendría si aquella cosa tuviese; y así luego mi espíritu se levanta con grandísimo y ferviente deseo a pedir a Dios, me dé aquello que allí hallo me conviene tener; y así de la lección hago oración y contemplación. Y quiero que sepáis que, a mi ver, el que de esta manera acostumbrare a leer y estudiar, aprovechará más en un año, que otro en ciento. Y por esta causa, todas las veces que yo tomo algún libro para estudiar, especialmente si es de la Sagrada Escritura, lo tomo con grandísimo acatamiento y reverencia, humillando mi espíritu delante de la presencia de Dios, y así le suplico que de tal manera alumbre mi entendimiento, que lo que yo allí entendiere sea no más que para gloria suya, edificación de mi alma y provecho de mis prójimos. Y verdaderamente, todas las veces que esto hago, cuando dejo el libro me parece que quedo con un nuevo deseo de Dios y con una nueva afición a la virtud.

Eusebio: Mucho me he holgado de oíros esto, porque, con la gracia de Dios, entiendo imitar esta vuestra manera de estudio, y aun aconsejaré a muchos hagan lo mismo; y el padre cura también tendrá cuidado de hacer como yo.

Antronio: Por mi fe, sí tenga; y aunque nunca fui aficionado a estos estudios, yo lo seré de hoy más.

Arzobispo: Veamos, ¿por qué no habéis sido aficionado al estudio?

Antronio: Yo os diré la verdad. Suelen decir que no alaba más uno de lo que alcanza; y como yo no alcanzaba del estudio sino muy poco, o casi nada, no podía ser aficionado a él.

De la reforma de la Iglesia

Eusebio: Vos habéis respondido muy bien y muy a propósito, y haréis bien en aplicaros de aquí adelante a alguna manera de estudio, así para lo que conviene a vos, como para lo que conviene a vuestros feligreses; que pues os dan sus haciendas, mucha razón es que vos les deis doctrina; y no se la podéis dar, si no lo sabéis para vos; y no la podéis saber bien, sino con trabajo y estudio.

Arzobispo: Os dice muy gran verdad. No dejéis de hacerlo así.

Antronio: Digo que me place; pero, ¿cómo queréis que un hombre como yo, que pasa de cincuenta años, empiece a estudiar gramática?

Arzobispo: Cómo, ¿que no sabéis latín ninguno?

Antronio: Un poquito aprendí, siendo rapaz; pero luego se me olvidó.

Arzobispo: Pues, ¿cómo se ordenaron de misa?

Antronio: Yo os lo diré. Siendo mancebete me metí fraile; y como tenía buena voz, en siendo de edad, me hicieron ordenar de misa, aunque no sabía latín, ni aun apenas leer, porque como sabéis, a los frailes no los examina el obispo, sino sus guardianes, y así pasé yo entre otros. Después, por no sé qué desconcierto, dejé el hábito, y también porque no me hallaba bien allí.

Arzobispo: Yo os certifico que esa es una cosa muy recia que se dé orden sacra a hombre que no sepa entender lo que lee, puesto caso que sea fraile, como si no tuviesen también ellos necesidad de saber como los demás. A lo menos, en mi arzobispado, siendo yo vivo, no se ordenará ninguno, sea quien se pagare, sin que yo mismo lo examine, y muy bien examinado; y no solamente le examinaré de lo que sabe, sino antes que le ordene, haré hacer pesquisa, y muy de veras, sobre él, para ver cómo vive y ha vivido, algunos días antes. Y si hallare que su vida ha sido y es muy conforme a la religión cristiana, y que junto con esto es persona de letras y habilidad, le daré órdenes; y, si no, por cualquiera cosa de éstas que le falte, aunque me importune todo el mundo, no le ordenaré ni aun de grados.

Eusebio: ¡Oh, buena vida os dé Dios, y cuán a mi placer lo decís! Plegue a Dios que viváis muchos años, para que reforméis esto y otras muchas cosas, en que hay tanta perdición, que es la mayor lástima del mundo. Y os prometo que habría otra manera de cristiandad que hay si todos los prelados hiciesen de esta manera; pero como no se mira nada de lo que vos decís en el que se viene a ordenar, no hacen sino hacer clérigos, y la gente lo ha tomado ya por granjería. Y como crecen los clérigos, y también los frailes, crece el desconcierto y mal vivir de ellos. Y los legos toman de allí ocasión de ser ruines, y así va todo perdido. Y para remediarse, no hay otro mejor medio que el que vos ahora habéis dicho; y si en el recibir de los frailes se hiciese otro tanto, sin duda ninguna sería gran bien.

Antronio: ¡Ahora sus! Respondedme a mí y dejaos de reformar ahora la Iglesia.

Arzobispo: A vos no hay otra cosa que responderos, sino que, pues ya no tenéis tiempo para aprender latín, estudiéis muy mucho en libros de romance; y que asimismo toméis en vuestra compañía alguna persona de buenas letras y buen espíritu, al cual vos deis la mitad de vuestra renta, porque él vos instruya a vos en lo que debéis hacer. Y no se os haga esto de mal, que yo os certifico, si fuereis mi súbdito, no libraríais tan bien.

Antronio: No quiero que digáis, señor, eso; que el mayor bien que yo creo pudiera tener, fuera ser vuestro súbdito; tan grandísimo es el amor que os he cobrado. Y pues esto es sin duda así, os suplico me tratéis como a más que a vuestro súbdito, porque en ello recibiré muy crecida merced. Y lo que mandáis que haga, haré de muy buena voluntad; y de mejor, si la persona que hubiere de tomar me la dais vos de vuestra mano.

Arzobispo: Yo os agradezco mucho vuestra buena voluntad; y por cierto ella nos obliga a que hagamos mucho por vos, y esa persona que decís os dé de mi mano, os la daré, y aun tal, que vos seáis muy contento. Lo que yo os ruego mucho, y encargo, es que primeramente vos os determinéis de ser verdadera y puramente cristiano, conforme a lo que aquí hemos tratado; y para esto será menester que desarraiguéis del todo de vos esos deseos que tenéis de honras mundanas, porque éstas impiden mucho al alma que quiere volar al cielo. Esto haréis fácilmente si, así como los que sirven al mundo tienen vueltas las espaldas a Dios, así vos las volviereis al mundo muy determinadamente, sin pensar en otra cosa, sino en servir y agradar a Dios, no teniendo ningún respeto a cosa ninguna de las que el mundo y sus amadores puede decir de vos. Porque si esto hicierais así, siendo vos tal cual quiere Dios que seáis, procuraréis que asimismo lo sean aquellos que tenéis de parte de Dios en cargo; y procurando esto, cumpliréis muy largamente con el cargo que tenéis. Para todo esto daréis mucho crédito a la persona que yo os diere que esté con vos, porque él es tal persona que os sabrá muy bien instruir y gobernar.

Antronio: Yo, señor, procuraré, con la gracia de nuestro señor, de hacer todo lo que mandáis. Y veis que, aunque hablo aquí, yo os prometo que estoy dando gracias a Dios por la merced que me ha hecho, en haber traído ocasión para que yo os haya conocido, y que vos me hayáis dicho tantas y tan buenas y tales cosas. Al padre Eusebio serviré yo toda mi vida, porque él me trajo a que os conociese. ¡Oh, bendito sea aquel día que vos entrasteis en mi iglesia!

Arzobispo: ¡Ahora sus! Los frailes tañen a cerrar, y no será razón que les hagamos tener la puerta abierta. Si hay más que preguntar sea luego, porque ni ahora hay lugar para detenernos, ni mañana estaré yo tan desocupado como hoy, porque tengo de entender en ciertos negocios del colegio que empiezo a hacer.

Antronio: Pues que así es; porque yo no lleve escrúpulo ninguno, suplícoos, señor, me digáis si, haciendo lo que me habéis mandado y aconsejado, podré sin escrúpulo decir misa y llevar las rentas de mi beneficio.

Arzobispo: Sí, podréis lo uno y lo otro, que lo que yo os pido no es que hagáis mudanza de estado, sino de costumbres.

Antronio: Sin duda ninguna vos, señor, me enviáis tan del todo trocado que, según pienso, los que me vieron no me conocerán. Y háceseme tan de mal apartarme de vos, que jamás querría hacer otra cosa, sino besaros las manos y los pies. ¡Dichosa iglesia que tal prelado ha alcanzado!

Arzobispo: Bien está. Ios ahora con la paz de Dios, que si otro día venís, yo os diré otras cosas particulares con que os holguéis.

Antronio: Eso haré yo de muy buena gana, aunque más lejos viviese. Y pues ahora no hay lugar para más, quede Dios con vuestra señoría.

Arzobispo: El vaya con vos; y vos, padre Eusebio, íos con el padre cura, y haced que le hagan mucha honra.

Eusebio: Yo haré lo que vuestra señoría manda.

Antronio: Ahora que estamos a nuestras solas, os quiero decir una cosa, de que a maravilla estoy espantado; y es ésta: que no puedo pensar ¿qué fue la causa que movió al señor arzobispo a tomar el cargo de esta iglesia, siendo, como es, tan buena persona, tan sin avaricia, sin ambición y sin ningún otro vicio malo y, en fin, tan verdaderamente cristiano?

Eusebio: La causa yo os la diré, y vos veréis que es harto bastante; y yo os aseguro que, después de dicha, le tengáis en más haberlo tomado, que si lo hubiera rehusado.

Habéis de saber, señor cura, que las personas que verdaderamente se dedican al servicio de Dios, es menester que, por todas las vías y maneras que pudieren, procuren de emplearse todas, y del todo, en servirle, sin mirar ningún interés suyo particular. Y porque en ninguna cosa podemos nosotros más verdaderamente servir a Dios que en ser acá, en el mundo, sus procuradores, así para ganarle de nuevo almas, sacándolas del servicio del demonio, y trayéndolas al suyo, como también para conservarle las ganadas, es menester que nuestro principal intento sea éste. Y que para este fin tomemos los medios que fueren más convenientes; y porque ningún medio hay hoy más al propósito que es ser prelado —porque con su autoridad y rentas puede aprovechar mucho—, hacen muy bien los que, para este fin, toman los semejantes cargos. Así como hacen muy mal los que para otro alguno los toman. Así que, siendo el señor arzobispo la persona que habéis visto, ¿no os parece que hiciera mal si, ofreciéndole esta dignidad, sin procurarla él, la rehusara, pudiendo aprovechar en ella tanto como veis?

Antronio: Sin duda ninguna vos tenéis mucha razón en lo que habéis dicho, y me han contentado en extremo vuestras razones. Y ahora tengo en mucho más a este buen hombre, pues pospuso su interés, que era vivir en su reposo y descanso, por aprovechar a muchos con su desasosiego y trabajo. Ciertamente él debe mucho a Dios que tal ánimo le dio; y nosotros mucho a él que a tanto se pone por nuestro provecho.

Eusebio: Yo os certifico que tenéis mucha razón de decir lo que decís; y quiero que sepáis que, así como me parece muy mal, porque en verdad lo es, andar procurando de haber estas dignidades, y quererlas para honrarse con ellas; así también tengo por mal cuando veo que las dan a algunos que parece podrían aprovechar en ellas y servir a Dios, y las rehúsan, porque parece que quieren más vivir para sí, quiero decir, no teniendo respecto sino a sí, que para sus prójimos y para Dios. Aunque esto, mal pecado, acontece bien pocas veces; y de aquí viene que tenga el vulgo por mejor a un buen hombre, si rehúsa los tales cargos, que si los acepta; en lo cual vos también parece que estabais engañado.

Antronio: Si, estaba, en verdad; y pues ya estoy desengañado así en esto como en otras muchas cosas, querría saber de vos qué medio tendré para huir de algunas compañías de mal arte que allá en mi tierra tengo.

Eusebio: Ya veis que llegamos a la posada. Callemos ahora, que en eso, y en lo demás que quisiereis, podremos después hablar largamente.

Antronio: Sea así.

El autor

Todas estas cosas, muy ilustre señor, y otras muchas más, tratamos aquella tarde, el cura y yo, con aquel arzobispo de buena memoria, el cual, sin duda ninguna, según los buenos conceptos que tenía, reformara muchas cosas en su arzobispado, de donde tomaran ejemplo los otros prelados de estos reinos, para hacer lo mismo en sus diócesis, y así se siguiera un gran bien en mucha parte de la cristiandad. Pero pues fue Dios servido de llevarle de esta que llamamos vida, al tiempo que a nuestro parecer más pudiera aprovechar, para darle más temprano la otra, que es verdaderamente vida, lo más sano y mejor es darle por ello muchas gracias.

Y porque en el diálogo están muchas veces alabados los tres capítulos del Evangelio que escribió San Mateo, los cuales aquel arzobispo, de gloriosa memoria, con mucha razón tenía en mucho, acordé de traducirlos en nuestro romance castellano, y ponerlos aquí, porque si habiéndolos vuestra señoría oído alabar en el diálogo, los desease ver, después de haberlo leído, pudiese con ello cumplir su deseo. El cual plegue a nuestro señor cumpla en todo a vuestra señoría, dándole en esta vida mucha abundancia de gracia, y en la otra, muy crecida gloria. Amén.

Traducción de los capítulos quinto, sexto y séptimo del Evangelio de san Mateo, del griego en nuestro romance castellano

Capítulo quinto

Luego, como Jesús vio las compañías de gente que le seguían, subióse en un monte, y como se hubo sentado, llegáronse a él sus discípulos, y abriendo su boca, enseñábales, diciendo:

Bienaventurados son los pobres en el espíritu; porque suyo es el reino de los cielos.

Bienaventurados son los que lloran; porque ellos serán consolados.

Bienaventurados son los que tienen mansedumbre; porque ellos serán herederos de la tierra.

Bienaventurados son los que están hambrientos y sedientos de justicia; porque ellos recibirán hartura.

Bienaventurados son los que hacen misericordia, porque con ellos será Dios misericordioso.

Bienaventurados son los que tienen el corazón limpio; porque ellos verán a Dios.

Bienaventurados son los que ponen en paz a sus prójimos; porque serán llamados hijos de Dios.

Bienaventurados son los que por ser justos son perseguidos; porque de los tales es el reino de los cielos.

Bienaventurados sois cuando los hombres os dijeren injurias y os persiguieren, y por mi causa os dijeren, mintiendo, cualquiera mala palabra.

Entonces gozaos y alegraos, porque en los cielos tenéis abundante premio por vuestros trabajos. Dígoos de verdad que los profetas que fueron antes de vosotros de la misma manera fueron perseguidos.

Vosotros sois la sal de la tierra, pues si la sal pierde su fuerza, ¿con qué se salará? Claro está que en adelante no vale para más que para que la echen en la calle y la pisen los hombres.

Vosotros sois Luz del mundo. La ciudad que está asentada sobre algún monte, es imposible que se esconda; y cuando alguna candela encienden no la ponen debajo del almud, sino encima del candelero, para que alumbre a todos los que están en casa.

Pues de tal manera quiero yo que vuestra luz resplandezca delante de los hombres, que vean vuestras buenas obras, y den gloria a vuestro Padre el que está en los cielos.

No penséis que vine a destruir la ley o los profetas: sabed que no vine a destruirla, sino a cumplirla.

Dígoos de verdad que primero dejará de ser el cielo y la tierra, que una jota o una tilde quede por cumplirse de lo que está escrito en la ley.

De manera que quien quiera que quebrantare uno de estos pequeñuelos mandamientos, y lo enseñare así a los hombres, pequeñuelo será nombrado en el reino de los cielos; pero el que los guardare y los enseñare, alcanzará gran nombre en el reino de los cielos.

Dígoos de verdad, que si vuestra justicia no fuere mayor que la de los fariseos y de los letrados, no podréis entrar en el reino de los cielos.

Ya oísteis cómo fue dicho a los antiguos: No matarás, y cualquiera que matare es digno de ser condenado en juicio.

Ahora yo os digo a vosotros, que el que se aíra contra su prójimo, se obliga a estar a juicio; y que el que, con señal exterior, menospreciare a su prójimo, se obliga a que sobre él se haga concilio; allende de esto, que el que le dijere bobo, será digno del fuego del infierno.

De manera que si fueres a ofrecer tu ofrenda en el altar, y allí te acordares que tu prójimo tiene algún enojo contigo, deja allí tu ofrenda delante del altar, y ve primero, y reconcíliate con tu prójimo, y entonces torna y ofrece tu ofrenda.

Conciértate con tu adversario presto, mientras que estás en el camino con él, porque no acontezca que tu adversario te ponga en las manos del juez, y el juez te entregue a su ejecutor, y te echen en la cárcel; porque te digo en verdad, que no saldrás de allí sin que primero pagues hasta la postrera meaja.

También oísteis cómo fue dicho a los antiguos: No cometerás adulterio. Ahora yo os digo a vosotros: que quien quiera que mirare la mujer ajena para codiciarla, ya cometió con ella adulterio en su corazón.

De manera que, si sintieres que tu ojo derecho te escandaliza, sácatelo y échalo de ti, porque ciertamente más te cumple que se pierda uno de tus miembros, que no que todo tu cuerpo sea echado en el infierno.

Y si tu mano derecha te escandalizare, córtala y échala de ti, porque de verdad, más te cumple que se pierda uno de tus miembros, que no que sea todo tu cuerpo lanzado en el infierno.

Allende de esto fue dicho: Quien quiera que desechare a su mujer, déla carta de quitación. Ahora os digo yo: que quien quiera que desechare su mujer, si no fuere por causa de adulterio, le da causa que cometa adulterio; y quien quiera que se casare con ella, comete asimismo adulterio.

También oísteis que fue dicho a los antiguos: No te perjurarás, pero satisfarás a Dios aquello por que jurares. Ahora yo os digo a vosotros: que de ninguna manera juréis: ni por el cielo, porque es trono de Dios; ni por la tierra, porque es banquillo de sus pies ni por Jerusalem, porque es ciudad del gran rey. Ni tampoco jurarás por tu cabeza, pues no tienes poder para hacer un cabello blanco o negro. Pero será vuestra palabra, sí por sí, y no por no; porque lo que se añade de más de esto, de ánimo malo sale.

Oísteis que fue dicho: ojo por ojo y diente por diente. Ahora yo os digo a vosotros que no resistáis al que os hiciere mal; pero si alguno te diere una bofetada en tu carrillo derecho, vuélvele el izquierdo; y si alguno te quisiere llevar a juicio, y tomarte tu sayo, déjale también la capa; y si alguno te alquilare para que vayas con él una legua, ve con él dos. Y asimismo te mando, que des al que te pidiere, y que al que quisiere que le prestes algo, no se lo niegues.

También oísteis que fue dicho: amarás a tu prójimo y aborrecerás a tu enemigo. Ahora yo os digo a vosotros: amad a vuestros enemigos, desead bien a los que os dicen mal; haced bien a los que con mala voluntad os persiguen; rogad por los que os dañan y os afligen, porque seáis hijos de vuestro Padre el que está en los cielos, el cual permite que su Sol salga sobre los buenos y sobre los malos, y llueva sobre los justos y sobre los injustos.

Porque, si amáis a los que os aman ¿qué galardón alcanzaréis? Decidme, ¿los publicanos no hacen lo mismo?

Y si tan solamente amareis a vuestros hermanos ¿qué gran cosa hacéis? ¿Por ventura no hacen lo mismo los publicanos?

Sed, pues, vosotros perfectos, así como vuestro Padre, el que está en los cielos, es perfecto.

Capítulo sexto

Guardaos de hacer vuestras limosnas delante de los hombres, con intención de ser vistos de ellos, porque si así lo hacéis, no tendréis por ellas galardón acerca de vuestro Padre, el que está en los cielos.

De manera que cuando tú quisieres dar limosna, no la dés con estruendo, como hacen los hipócritas en los ayuntamientos de gentes, por las calles y lugares públicos, porque los hombres los alaben y glorifiquen. En verdad os digo, que los tales ya reciben su galardón.

Tú, empero, cuando quisieres dar limosna, mira que sea tan secreta que tu mano izquierda no sepa lo que hace la derecha; porque tu limosna sea en secreto, y tu Padre que la ve en secreto, el mismo te la pague en público.

Y tú, cuando orares, no serás como los hipócritas; porque éstos suelen, puestos en pie, orar en las congregaciones y en los cantones de las plazas, porque los vean los hombres. En verdad os digo que ya reciben su galardón.

Tú, empero, cuando oras, éntrate en tu cámara, y cerrada tu puerta, haz oración a tu Padre, el que está en secreto; y tu Padre, que la ve en secreto, te la pagará en público.

Pero mirad, que cuando oráis, no habléis mucho, como hacen los gentiles, que piensan que por su mucho hablar han de ser oídos; pues dígoos que no seáis semejantes a éstos, porque ciertamente sabe vuestro Padre celestial de qué tenéis necesidad, antes que nada le pidáis. De esta manera, pues orad vosotros:

Padre nuestro, que estás en los cielos, santificado sea el tu nombre. Venga el tu reino. Cúmplase tu voluntad en la tierra, así como se cumple en el cielo. Nuestro pan de cada día, dánosle hoy. Y perdónanos nuestros pecados, así como también nosotros perdonamos a los que nos ofenden. Y no permitas que seamos derribados y vencidos en la tentación; pero líbranos del mal: porque tuyo es el reino, y el poderío y la gloria, en los siglos de los siglos. Amén.

De manera que si perdonareis a los hombres sus culpas, perdonaros ha también a vosotros vuestro Padre celestial; y si no perdonareis a los hombres sus culpas, ni vuestro Padre celestial os perdonará a vosotros las vuestras.

Allende de esto, cuando ayunareis, no os hagáis como los hipócritas, tétricos; los cuales entristecen y desfiguran sus caras, porque vean los hombres que ayunan. En verdad os digo que éstos ya reciben su galardón.

Tú, empero cuando ayunas, unta tu cabeza y lava tu cara, porque no conozcan los hombres que ayunas, pero tu Padre, el que está en secreto, y tu Padre, que lo ve en secreto, te satisfará a ti en público.

No pongáis vuestros tesoros en la tierra, donde la carcoma y la polilla corrompen, y donde los ladrones cavan y hurtan; pero esconded vuestros tesoros en el cielo, donde ni la carcoma ni la polilla corrompen, y donde los ladrones ni cavan ni hurtan; porque allí estará vuestro corazón, donde estuviere vuestro tesoro.

Ya sabéis que la candela y lumbre del cuerpo es el ojo; pues si tu ojo fuere simple, todo tu cuerpo será claro y resplandeciente; y si tu ojo fuere malo, todo tu cuerpo será tenebroso. De manera que, si la lumbre que está en ti es tinieblas, las mismas tinieblas ¿cuán grandes serán?

Ninguno puede servir a dos señores, porque es forzado que, o ha de amar al uno y aborrecer al otro, o allegarse al uno y menospreciar al otro; no podéis servir a Dios y a las riquezas.

Por tanto os digo, que no tengáis congoja por lo que habéis de comer, o beber, para sustentar vuestra vida; ni por lo que habéis de vestir para cubrir vuestros cuerpos. Dad acá, veamos: ¿la vida no es más que el manjar, y el cuerpo no es más que la vestidura?

Pues creed que quien os dio lo que es más, os dará lo que es menos.

Volved vuestros ojos a las aves del cielo, que ni siembran ni allegan en graneros; y vuestro Padre celestial las cría y sustenta; pues veamos, ¿vosotros no valéis mucho más que ellas?

Decidme, ¿quién de vosotros, pensando con solicitud, puede añadir a su estatura un codo? Pues veamos, de lo que os habéis de vestir, ¿para qué tenéis cuidado? Mirad cómo crecen los lirios del campo, que ni trabajan, ni hilan; y dígoos de verdad que ni aun Salomón, en toda su prosperidad, estuvo tan bien vestido como uno de éstos.

De manera que, si las yerbas del campo, que hoy son y mañana las echan en el horno, Dios viste de esta manera ¿no os parece que lo hará mucho mejor con vosotros, oh hombres de poca confianza?

Pues que así es, no tengáis solicitud diciendo: ¿qué comeremos, o qué beberemos, o qué nos vestiremos?, porque los infieles son los que buscan todas estas cosas; bien sabe ciertamente vuestro Padre celestial, que tenéis necesidad de todo esto.

Buscad, pues, primero el reino de Dios y su justicia, y todas estas cosas se os añadirán. Así que no tengáis cuidado ni solicitud de mañana, porque el día de mañana tendrá cuidado de sí; bien le basta al día su fatiga.

Capítulo séptimo

No condenéis, porque no seáis condenados; porque de la manera que juzgareis, de la misma seréis juzgados; y por la medida que midiereis seréis medidos de los otros. ¿Por qué, veamos, miras tú la pajuela que está en el ojo de tu hermano y no consideras la viga que está en tu ojo? O ¿con qué cara dirás tú a tu hermano: déjame que te saque esa pajuela de tu ojo, teniendo tú en tu ojo una viga? Hipócrita, mira que saques primero la viga de tu ojo, y entonces verás para poder sacar la pajuela del ojo de tu hermano.

Catad que no deis lo que es santo a los perros; ni echéis vuestras piedras preciosas delante de los puercos, porque los unos no las pateen alguna vez con sus pies, y los otros, vueltos contra vosotros, os despedacen.

Pedid y daros han; buscad y hallaréis; llamad y abriros han; porque a cualquiera que pide, dan; y quien quiera que busca, halla; y al que llama, abren.

Decidme, ¿hay algún hombre de vosotros, que si su hijo le pidiere pan, le dará una piedra, o que si le pidiere un pez, le dará una serpiente?

Pues luego, si vosotros, siendo malos, sabéis dar buenas dádivas a vuestros hijos, ¿cuánto mejor os las dará a vosotros vuestro Padre celestial, si se las pedís a él?

Pues mirad que hagáis con los hombres todo lo que querríais que ellos hiciesen con vosotros; porque os digo de verdad, que en esto consiste la ley y los profetas.

Entrad por la puerta angosta, porque la puerta que lleva a perdición ancha es, y el camino espacioso, y muchos son los que entran por ella; y la puerta que lleva a la vida eterna es angosta, y el camino estrecho, y pocos son los que la hallan.

Guardaos de los falsos profetas, que vienen a vosotros con vestiduras de ovejas, pero dentro son lobos robadores. Por sus obras los conoceréis. Veamos, ¿de las espinas cogen uvas, o de los abrojos higos? Pues así es que todo árbol bueno hace buen fruto, y el árbol podrido hace mal fruto. No puede el árbol bueno hacer malos frutos, ni tampoco el árbol podrido hacer buenos frutos. Todo árbol que no hace buen fruto córtanlo y échanlo en el fuego. Pues digo que por sus obras los conoceréis.

No cualquiera que me dice, señor, señor, entrará en el reino de los cielos; pero el que hiciera, la voluntad de mi Padre el que está en los cielos.

Muchos me dirán en aquel día del juicio: señor, señor, veamos, ¿no profetizamos en tu nombre, y en virtud de tu nombre echamos demonios, y en tu nombre hicimos muchas maravillas y cosas grandes? Y entonces responderéles diciendo: nunca os conocí, apartaos de mí los que obráis la maldad.

A cualquiera que me oye estas palabras, y las cumple, le compararé al varón prudente, que edificó su casa sobre piedra; y descendió la lluvia, y vinieron los ríos, y soplaron los vientos, e hicieron ímpetu sobre aquella casa, y no se derribó; la causa es que estaba fundada sobre piedra.

Y cualquiera que oye estas palabras y no las cumple, será semejante al varón necio, que edificó su casa sobre arena, y descendió la lluvia, y vinieron los ríos, y soplaron los vientos, y dieron sobre aquella casa, y derribóse y fue su caída grande.

Y aconteció, que como Jesús hubo acabado estas razones, espantáronse aquellas compañías de oír su doctrina, porque les enseñaba como persona que tiene autoridad, y no como los letrados y fariseos.

Libros a la carta

A la carta es un servicio especializado para empresas,
librerías, bibliotecas, editoriales
y centros de enseñanza;
y permite confeccionar libros que, por su formato y concepción, sirven a los propósitos más específicos de estas instituciones.

Las empresas nos encargan ediciones personalizadas para marketing editorial o para regalos institucionales. Y los interesados solicitan, a título personal, ediciones antiguas, o no disponibles en el mercado; y las acompañan con notas y comentarios críticos.

Las ediciones tienen como apoyo un libro de estilo con todo tipo de referencias sobre los criterios de tratamiento tipográfico aplicados a nuestros libros que puede ser consultado en Linkgua-ediciones.com.

Linkgua edita por encargo diferentes versiones de una misma obra con distintos tratamientos ortotipográficos (actualizaciones de carácter divulgativo de un clásico, o versiones estrictamente fieles a la edición original de referencia). Este servicio de ediciones a la carta le permitirá, si usted se dedica a la enseñanza, tener una forma de hacer pública su interpretación de un texto y, sobre una versión digitalizada «base», usted podrá introducir interpretaciones del texto fuente. Es un tópico que los profesores denuncien en clase los desmanes de una edición, o vayan comentando errores de interpretación de un texto y esta es una solución útil a esa necesidad del mundo académico.

Asimismo publicamos de manera sistemática, en un mismo catálogo, tesis doctorales y actas de congresos académicos, que son distribuidas a través de nuestra Web.

El servicio de «libros a la carta» funciona de dos formas.

Tenemos un fondo de libros digitalizados que usted puede personalizar en tiradas de al menos cinco ejemplares. Estas personalizaciones pueden ser de todo tipo: añadir notas de clase para uso de un grupo de estudiantes, introducir logos corporativos para uso con fines de marketing empresarial, etc. etc.

Buscamos libros descatalogados de otras editoriales y los reeditamos en tiradas cortas a petición de un cliente.

www.ingramcontent.com/pod-product-compliance
Lightning Source LLC
Chambersburg PA
CBHW032003170626
46807CB00006B/2619